韓国ドラマに深くときめく　1冊でつかむ韓国二千年の歴史と人物

康　熙奉

星海社
284
SEIKAISHA SHINSHO

はじめに――称賛と哀惜を込めた物語が始まる

もしも夢の中で、時空を超えて朝鮮半島の歴史的な人物に会えるとしたら、ぜひとも端宗（タンジョン）の姿を見てみたい。彼の底知れない無念さを少しでも理解したいと思っているからである。

話は1450年にさかのぼる。

「史上最高の名君」と称賛された朝鮮王朝4代王の世宗（セジョン）が亡くなったあと、国王を引き継いだのは長男の文宗（ムンジョン）だった。

彼は父親とよく似ていてとても聡明だったので、長く国王を務めたら名君になるのは間違いなかった。しかし、病弱だったために、即位からわずか2年あまりで世を去ってしまった。これが悲劇の端緒となっていった。

文宗の長男であった端宗が6代王として即位したが、そのときは11歳だった。あまりに年齢が幼すぎた。さらに不運だったのは祖母と母がすでにこの世にいなかったこと。もしも王族女性の長老が存命であったならば、成人に達していない国王のために摂政を任せることができたはずなのだ。そうやって代理政治を行った上で成人すれば、端宗も無事に国王として親政を始めることができたであろう。

しかし、王族女性の長老がいなかったので、端宗の後見人として指名されたのが高官の金宗瑞（キム・ジョンソ）であった。

かつての彼は「虎」と称されるほど勇猛果敢な忠臣であったが、すでに隠居間近の高齢となっていて、端宗を守り切るには不安があった。そこをズバリと突いてきたのが、世宗の二男であった首陽大君（スヤンデグン）だ。彼は文宗の弟。つまり、端宗の叔父なのである。非常に野心的な男であり、本来なら王位を継げない傍流の身分であったにもかかわらず、国王になることに執着していた。

この首陽大君は用意周到に反乱の準備をしたあげく、１４５３年に金宗瑞を殺して一気に実権を掌握した。

さらに金宗瑞の同志をことごとく殺害した首陽大君は、１４５５年には端宗を露骨に脅して王位を奪い、すかさず7代王・世祖（セジョ）として即位した。

抵抗できなかった甥の端宗は上王として遇されたが、それは形だけだった。彼はさんざん卑下された上に、最後には魯山君（ノサングン）という格下の扱いとなって位階を下げられた。さらに、寧越（ヨンウォル）という僻地に配流されてしまった。

この場所は元の国王が住むにはあまりにひどいところだった。しかも、提供される食事も粗末だ。それだけでも悲惨なのに、非道な世祖は端宗に対して死罪を命じた。それは1457年のことで、端宗は16歳になっていた。

世祖の命令で使者は毒薬を持ってきたのだが、申し訳ない気持ちが強すぎて渡すことができなかった。

かつての国王の前でずっと頭《こうべ》を垂れているだけ。やむをえず、端宗が自分の首に紐を巻き、窓の外に控えていた侍者にそれを引っ張れと命じた。

侍者は固辞したのだが、端宗に強く要請されて仕方なく言われたとおりに紐を引っ張った。結局、端宗は世祖が送ってきた毒薬を拒否し、自ら死を選んで抵抗の意思を示した。このように、端宗の最期は後世の語り草になるほど堂々としていた。

しかし、その遺体はいったん放置されてしまった。世祖の怒りに触れることが怖くて、誰も端宗の遺体を納めようとしなかった。同じく反逆者にされることをみんな避けたかったのだ。

端宗が流罪となった辺境の寧越は地形がとても複雑だ

端宗の陵墓

それでも、志が強かった義士の厳興道（オム・フンド）が、端宗の残された遺体を丁重に埋葬した。周囲の人は、遺体に触れるのは危険すぎると止めたのだが、厳興道はひるまず敢然と断言した。

「正しいことをして処罰されるのなら本望である」

こうした人がいたことに救われる。死を賭して「本望」に生きる人たちが恥ずかしくない歴史を作ってきたと思えるからだ。

しかし、実のところ、「恥ずかしくない歴史」というものが、2000年の間にどれほど繰り広げられてきたのか。むしろ、「不誠実な歴史」がはびこってしまったことも多かったのではないだろうか。

歴史は人間が記録するものだ。そこには、感情を揺さぶる逸話があれば、耐えがたい悲劇もある。そんな「ありのままの歴史」を称賛と哀惜を込めて物語のように披露していこう。その中で、端宗のような国王がいたことを思い出してくれたら本望である。

康　熙奉

目次

第2章 通史でよくわかる「王朝二千年の歴史」 43

第3章 英雄たちが躍動した「三国時代の人物」 99

第5章 聖君から暴君まで「朝鮮王朝前期の人物」 151

第6章 幸福でない運命に操られた「朝鮮王朝後期の人物」　181

写真／植村誠、康熙奉　イラスト／竹口睦郁　図版／ジェオ

第1章

韓国の歴史を知るための「究極キーワード10」

1 本貫

個人の血統を如実に表す先祖の出身地！

これを知らないと韓国人の正体が絶対にわからないと言えるのが「本貫（ポングァン）」である。個人を特定するときに「姓名」が真っ先に表に出るのだが、これだけでは本人の出自がまだ正確ではない。本当に知りたければ、絶対に本貫を聞きださなければならないのだ。それを知ってこそ、「ああ、この人はそういう出身なんだ」と納得できる。その重要性がわかっているので、このキーワードでもトップで本貫を紹介している。

本貫とは、その一族の姓氏が誕生した土地のことだ。もっとわかりやすく言えば、一族の始祖の出身地である。

普通、韓国人は自分の姓氏を詳しく言うときには本貫をつけて、「私は○○金氏です」「僕は○○李氏です」と言う。この○○に本貫が入る。

たとえば、同じ金氏といってもその一族の始祖が家門を立てた地域によって異なる。金氏だけでも金海（キメ）、慶州（キョンジュ）、江陵（カンヌン）、光州（クァンジュ）、安東（アンドン）など数多い本貫がある。

実務的な調査によると、韓国人の姓氏は290あまりだが、本貫は4300余もあるという。正確に言うと、4300余の姓氏が存在するということと同じなのである。

そして、姓氏が同じでも本貫が違えば同族ではない。必ず姓氏と本貫が一緒の人だけが同族である。さらに言うと、2005年の法律の改正前までは、同姓同本（同じ姓氏で同じ本貫）同士の男女は法的に結婚できなかった。そこまで本貫は重んじられてきたのだ。

このように、「本貫＋姓氏」によって常に自らの血統を明らかにしている韓国人。父系を中心として続く血統の定義を重んじてきたので、結婚しても女性の姓氏は変わらない。それは、その女性の血統が永遠に変わらないからだ。つまり、その人の血統を表すために厳格な姓氏制度を守っているのだ。

それゆえ、韓国では今でも誰もが自分の本貫を知っており、同じ姓氏に会うと本貫がどこなのかを聞く。それによって、相手がどんな血統を持っているのか……すなわち、どんな家柄の出身なのかがわかるのだ。

しかし、先に触れたように、本貫の存在は父系の血統の重視に他ならない。時代が大きく変わってきた現代で、本貫はどこまで個人の特定に関わっていけるのか。本貫にとらわれない発想も今後は増えていくかもしれない。

2 族譜

一族の初代から延々と記録されてきた家系書

族譜（チョッポ）とは、一族の詳細な家系を記した書物のことである。「大同譜」と言われることも多い。

私は信川（シンチョン）康氏（カンシ）〈信川を本貫とする康という姓の一族〉の出身で、我が家の保有する族譜は、精緻な内容の１０００ページの本が４冊で構成されている。持つだけでも重いこの書を手に取ると、私という28代目から草創の初代まで、家系を正確に遡ることができる。それゆえ、族譜を開く度に、この記録を続けてきた人々の不断の努力と継続性に深く感銘を受ける。なにしろ、族譜の中身は一族の人々の出生年、父親との続柄、肩書、経歴、墓の位置などが記されており、その保存性は驚嘆するほどである。

そして、多くの一族は一定の周期（30年や40年）で、族譜を更新し続けてきた。各一族には、「宗親会」と称される組織が存在し、その組織が族譜の編纂を担っている。

だが、誤解しないでほしい。私の一族が特別に族譜を所有しているわけではない。韓国のあらゆる一族が族譜を持ち、その記録は子孫たちに今も大切に継承されている。韓国に

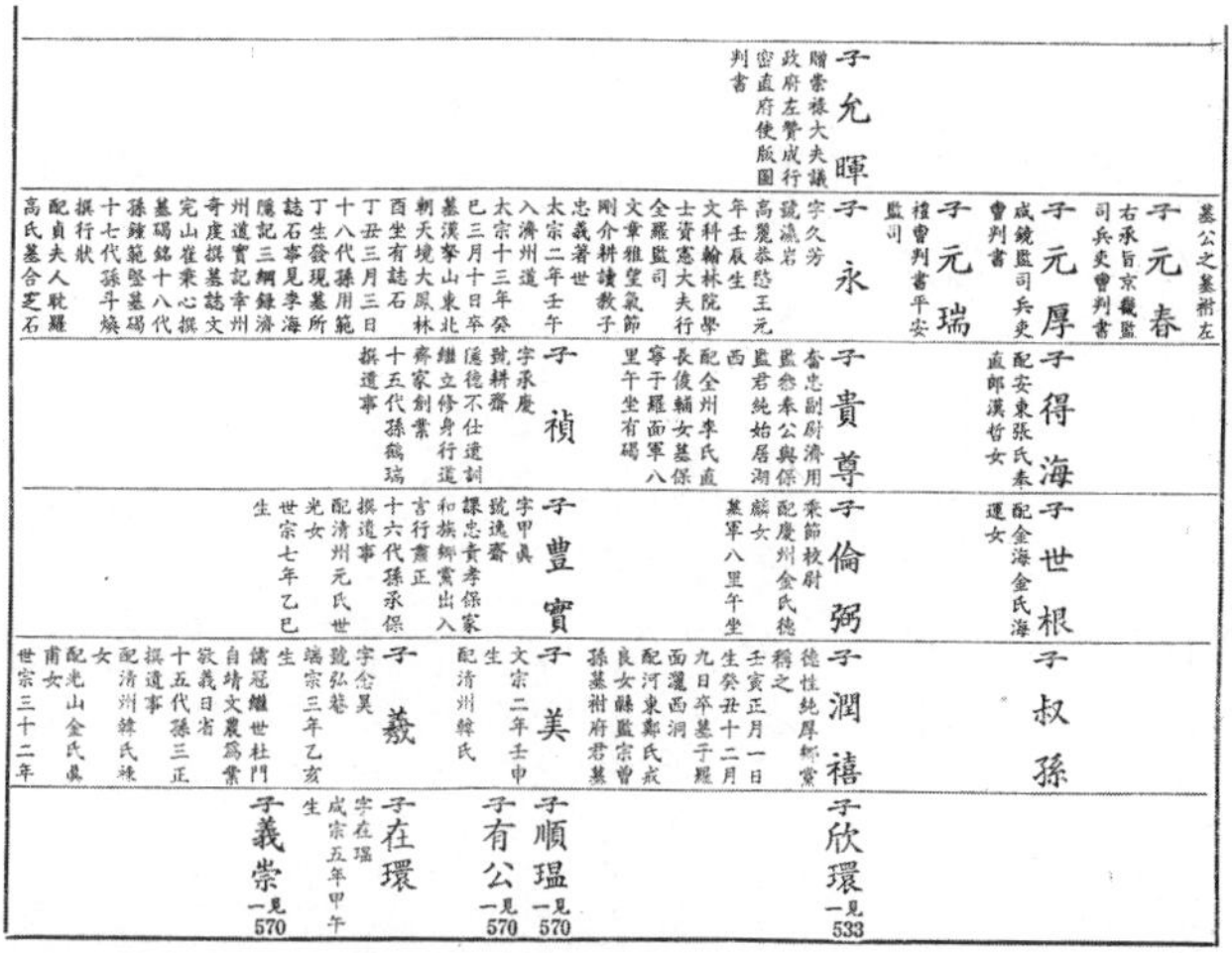

族譜には各人の出生年、父親との続柄、肩書、経歴、墓の位置などが記されている

先祖に捧げる祭祀の御膳はこのように並べる

おいて、族譜を持たない一族など、考えられないのである。

日本の場合、数世紀にわたる家系図を有する家は、比較的少ないかもしれない。一方、韓国においては、自らが30代目であれ、40代目であれ、先祖を遡り初代まで辿り着くことができる。

そうした先祖を敬う気持ちが祭祀にも表れている。両親、祖父母、さらにその先の先祖に感謝する儀式が韓国には多い。その気持ちが族譜の重要性にもつながっている。すべて、何世紀もの間、族譜を持続的に編纂してきた結果である。そのための尽力と時間がどれほどのものだったかを考えると感慨深い。それらの努力を他のことに向けたら、どれだけの成果が得られただろうか。けれども、どんな経済的困難が訪れようと、先人たちは族譜を受け継ぎ、そして次世代に伝えてきたのである。

3 韓国人の姓

5大姓だけで韓国全体の半分を超えてしまう

日本人の姓は29万もあると言われているが、韓国の人々の姓は、漢字の一文字が基本であり、その種類はわずか300足らずに過ぎない。その中でも、圧倒的に多い姓が「金（キム)」である。韓国の人口に占める「金」の割合は21・6%にも上り、5人のグループがいれば、統計的に1人以上は「金」という姓を持つことになる。このため、姓だけで人を呼ぶと多くの人が振り向くこととなり、韓国ではフルネームでの呼称が基本となっているのだ。友人同士では、姓ではなく名前で呼び合うのが一般的である。

2位の「李(イ)」は14・8%、3位の「朴(パク)」は8・5%と続く。これら3大姓だけで韓国全体の44・9%を占めるという、驚愕の占有率である。4番目に多いのが「崔(チェ)」の4・7%、5番目の「鄭(チョン)」が4・4%である。これら5大姓を合わせると、なんと54・0%にも上る。わずか5つの姓で半数を超えるというのは、韓国人の姓がいかに少数に偏っているかを示す証左である。

さらに、よく見かける「著姓」には、「姜(カン)」、「徐(ソ)」、「安(アン)」、「高(コ)」、「裵(ペ)」、「河(ハ)」、「具(ク)」、「趙(チョ)」、「韓(ハン)」、「権(クォン)」、「柳(ユ)」、「孫(ソン)」、「尹(ユン)」、「洪(ホン)」、「成(ソン)」、「張(チャン)」、「申(シン)」、「宋(ソン)」、「全(チョン)」などがある。また、「南宮(ナムグン)」、「皇甫(ファンボ)」、「西門(ソムン)」などの2文字の漢字姓も存在する。

名前の付け方に関して、韓国では一族の決まりや陰陽五行説に基づく命名が一般的で、日本のように親の名前から一字を取る習慣はない。韓国の男性名では「土」「水」「金」「木」「火」の部首を持つ漢字が多く見られ、これも陰陽五行説に由来する。

このように、韓国の姓に関する特有の伝統は、その歴史や社会を理解する上で重要な鍵となっている。

4 儒教

現在でも生活規範に大きな影響を及ぼしている

518年間も続いた朝鮮（チョソン）王朝の国教は儒教であった。

特に、儒教の中でも名分を重んじる朱子学（中国の南宋の時期に朱熹〔1130〜1200年〕によって導かれた儒教の学問体系）こそが朝鮮王朝が取りいれた儒教の根幹となっていた。

そもそも建国当時の朝鮮王朝は、滅ぼした高麗（コリョ）王朝（仏教を国教にしていた）を否定するために儒教を大いに活用した。仏教寺院に支配されていた土地や奴婢を没収する手段でもあったのだ。

さらに、朝鮮王朝では官僚登用の手段として、朝鮮王朝以前から制度としてあった科挙をさらに強化した。試験では儒教の教義を問う質問が多かった。その中で儒教的な道徳と知識を備えた賢人が科挙に合格していき、国の中枢となる政治官僚となって国王を補佐して統治を完成させていった。

その過程で、厳格な身分制度が採用された。儒教には人間の出自によって身分の差を認める思想がある。そこが、平等思想がある仏教との大きな違いであった。

朝鮮王朝が儒教国家になったことで、人々の生活では儒教が繰り返し説いていた「忠」と「孝」が重んじられた。わかりやすく言えば、「忠」は国王あるいは権威者に対する忠誠心であり、「孝」は先祖や両親に対する孝行である。実際、朝鮮王朝の本質は国王を頂点とする中央集権国家であるという点にあり、その維持のためには「忠」と「孝」が不可欠だった。結果的に、目上の人を異様に崇める共同体ができあがった。年齢が1つでも上の人に対して厳格な敬語を使うことが美風となり、それは現代でも受け継がれている。

今の韓国は朝鮮王朝時代のようなガチガチの儒教国家ではないが、人々の生活規範に儒教の影響が色濃く残っているのは確かである。

そのことを個人それぞれがどう思っているのか。儒教に対する向き合い方で自分の人生も大きく変わってくる。そういう意味で、今も儒教は韓国の人々にとって「巨大な壁」であり続けている。

5 身分制度

過去の遺物が現代韓国でどんな亡霊になっているか

朝鮮王朝時代には厳しい身分制度が採用された。

王族は身分制度を超えた「不可侵」の存在なので、該当するのは王族以外の人々だ。その中で最上位に位置するのは両班（ヤンバン）で、彼らは支配層としての権威を誇りながら貴族階級として君臨した。

身分制度の二番目は中人（チュンイン）で、主に下級官僚や専門職の人々が該当した。その専門職とは、通訳、医者、王宮の公式行事を丁寧に描写する画家など、特殊な技術を有する人がこの層に属した。

三番目は人口の大多数を占める常民（サンミン）で、農民、職人、商人などが含まれている。いわゆる一般庶民に該当する人々であり、社会の担い手になっていた。とはいえ、両班によって不当に搾取されることも少なくなく、社会階層の中で常民の不満が高まることが多かった。そんなときに国王はどのような政策を行ったのか。いわば、常民の暮らしを守ることが最高統治者としての大きな課題であった。

身分制度の最下層に追いやられていたのは賤民（チョンミン）で、この中には奴婢、芸人、妓生（キセン）などが属している。本当に辛い立場に置かれているが、これらの人々も決して声を上げずに座していたわけではない。最下層の身分であっても、自らの才能と努力によって地位を向上させようと奮闘している人が多かった。

以上が朝鮮王朝時代の身分制度であり、その残滓《ざんし》は現代の韓国にもよく見られた。すでに厳格な身分制度はないとはいえ、心理的には「身分の壁」が存在したのだ。たとえば、財閥企業のオーナー家がかつての王族に例えられるような特権意識をふりかざしたり、裕福な人たちが「両班」のような選民意識を強調して傲慢な態度に終始したり……。現代の韓国社会では、「いかに身分制度という過去の遺物を葬り去ることができるのか」ということが課題にもなっている。

6　男尊女卑

男性優位の価値観が圧倒的に支配していた

古代の新羅（シルラ）では、歴代王の中で3人の女王が誕生している。女性も国を率いる首脳になれることを新羅の歴史が教えてくれる。

また、高麗王朝時代には仏教が隆盛を極め、男女平等の考え方は生きていた。女性も社会的な権利を有する場合が多かったのだ。一転したのは朝鮮王朝時代だ。平等意識が薄かった儒教が国教として採用されていたことから、男女の格差は極めて厳格であり、男尊女卑の価値観が徹底的に貫かれていた。

これをわかりやすく表現するならば、人口の半分は絶対にエリートの座に就けないという厳しい制度であった。実際、科挙においても、女性は受験する権利すら持たず、官職に就ける道は完全に閉ざされていた。

また、女性は親からの相続権を持っておらず、夫が亡くなっても再婚の自由を有していなかった。女性にとっては、理不尽で窮屈な状況が日常的に続いており、男性優位の価値観が圧倒的に支配していた。

さらに上流階級の家庭においては、女性をできるだけ他人と会わせないようにした。それゆえ、彼女たちは男性が住む空間の奥深くに居住していた。外出する際には、姿を隠すために、マントのような衣服を身に纏《まと》うことが求められていた。

庶民レベルでも、男女が親しく語り合うことは慎まなければならなかった。また、女性が肌を露出することは厳禁だ。男性たちも女性をまじまじと見ることは遠慮しなければならなかった。

　このように、儒教は男女の役割を厳格に分け、女性が属性を外に見せることを忌避する風潮を強化していた。とはいえ、当時の女性たちは決して弱々しくなく、男尊女卑の厳しい状況の中でも逞しい生命力を持ち続けていた。

7 仏教

追放された仏教寺院は山中に移って行った

　韓国ではキリストの誕生日と釈迦の誕生日が祝日になっている。キリストの誕生日が12月25日のクリスマスであることは万人が知っているが、釈迦の誕生日は4月8日だ。とはいえ、旧暦の4月8日を祝日にしているので、新暦では毎年5月になることが多い。

　このように韓国ではキリスト教と仏教が2大宗教と称されている（儒教は宗教というより守るべき生活規範という扱いだ）。ただし、教会は街のいたるところにあるが、お寺は街中では見かけない。どこにあるのかというと、お寺の多くは山中にある。それは、朝鮮王朝時代の歴史が関係しているのだが、その説明をする前に朝鮮半島と仏教の関わりを古代から見てみよう。

古代の高句麗（コグリョ）、百済（ペクチェ）、新羅の中で、最も早く仏教を取りいれたのが高句麗で、広開土大王（クァンゲトデワン）は戦乱で苦労した人々を鎮めるために盛んに寺を建てて仏教を布教していた。同じく百済も仏教を重んじて後には日本にも仏教を伝えている。

三国の中で最後に仏教に目覚めた新羅でも、遅れを取り戻すべく仏教研究を積極的に進めた。

こうして朝鮮半島に根付いた仏教をさらに普及させたのが高麗王朝だった。建国した王建（ワン・ゴン）が遺訓で「仏教を重んじよ」と命じたことを歴代王がよく守った。それゆえ、高麗王朝は完全な仏教国となっていた。

しかし、仏教の隆盛によって寺院が巨大な権力を持ち、政治に介入したことによって王朝の衰退を招いた。すると、高麗王朝を滅ぼして1392年に建国された朝鮮王朝は仏教を排斥して儒教を国教にする「崇儒排仏」を実施した。

朝鮮王朝は儒教一辺倒の国になり、町中にあった仏教寺院が追い払われた。やむなく、山中に移らざるをえなくなった。今も韓国の街に仏教寺院がほとんどないのは、こうした事情があったからだ。

とはいえ、仏教は朝鮮王朝でも生き残った。特に、王族や貴族階級に仏教徒が多く、その影響は庶民にも及んだ。

ただし、朝鮮王朝時代には緑茶を飲む習慣が一時は廃れた。それは、仏教排斥と関係している。なぜなら、緑茶は仏教と密接に結びついていたからだ。

歴史的に見ると、高麗王朝時代には仏教寺院が茶畑を営んで利益をあげていた。この先例を嫌って、朝鮮王朝は仏教を排斥する一環として緑茶に重税をかけた。その結果、緑茶は栽培されなくなった。その代わり、果実茶、生姜茶、人参茶に重税をかけなかったので、緑茶以外のお茶の需要は保たれて現代に至っている。

このように、なにかと迫害された朝鮮王朝時代の仏教。しぶとく生き残って現代でも多くの信者を集めている。

11月の修能試験（日本の大学入学共通テストにあたる）の日になると、大勢の親たちが受験する子供のためにお寺で必死に祈る姿がよくニュース映像となっている。あの光景を見る度に、韓国における仏教の普及度の広がりを実感できる。

8 檀君神話

民族誕生の起源とされる物語

昔、天帝の桓因（ファニン）には
桓雄（ファヌン）という息子がいた。
桓雄はいつも下界の
人間社会のことを心配していた。

桓雄の気持ちが通じて、
桓因は息子に3000人の
側近を与えて
下界に降りることを
許可した。

桓雄は神壇樹という
神木の下に降り立ち、
人間界を平和に
導いていった。

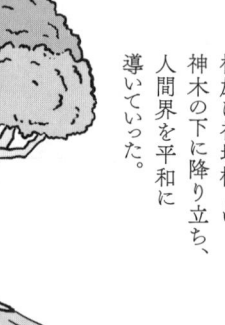

人々は「桓雄様のおかげで
幸せになった」と
話し合った。
羨ましく思ったのが
熊と虎であった。

「ぜひとも人間にしてください」

桓雄は、よもぎ1束と
ニンニク20個を
熊と虎に与えながら
課題を出した。

「これを食べながら
100日間、神に祈り続けるのだ。
ただし、その間に絶対に
日の光を浴びてはいけない。
それを守ったら、
願いを叶えてあげよう」

熊と虎は一生懸命に
辛抱していたが、
そのうち虎は
我慢できずに逃げ出した。
しかし、熊はずっと辛抱して
ついに１００日目を迎えた。
すると、熊は本当に
人間の女性になることができて
熊女（ウンニョ）と名乗った。

熊女は神壇樹で
お参りをして
ひたすら祈った。

「人間になったのですが、
夫も子供もおりません。
どうか子供を
授けてください」

「妻にしてあげよう」

生まれたのが
檀君（タングン）であった。

檀君は現在の
平壌（ピョンヤン）の近くに
都を決めて、
国の名前を朝鮮とした。
そして、檀君は人々に
こう伝えた。

「我らの祖先は
天帝であり、
いつも見守っていて
くださっている」

こうして朝鮮は豊かな国になっていった……というのが、韓国の建国神話として最も重要な檀君（タングン）神話である。この神話は民族誕生の起源とされており、話の中に出てくる始祖が檀君王倹（ワンゴム）である。

以上の檀君神話が文章として初めて世に広まったのは、13世紀後半に成立した『三国遺事』（記述者は僧の一然〔イリョン〕）においてであった。当時現存した様々な説話がまとめられて一つの神話になったという可能性もある。

なお、かつて韓国では紀元前2333年を檀君元年と規定して、西暦と同じように檀君紀年というものを公式に採用していた。たとえば、新聞の日付などにも用いられたりしたのだ。

現在ではそういうことはないのだが、檀君神話は韓国人の精神的な支柱として今も人々の心に残っている。

9 陰陽五行説

自然界の調和を求める考え方の根本となっている

韓国人の生活の基本的なスタイルに重要な影響を及ぼしているのが陰陽五行説である。

説明が難解かもしれないが、「万物の調和を求める思想」というものが陰陽五行説の本質であると言える。

もともと、「陰陽」と「五行」の考え方は中国の春秋戦国時代に誕生したもので、それぞれ独自の概念であったものが統合されて、やがて儒教の一部に採用されて発展していった。儒教を国教に採用した朝鮮王朝でも、陰陽五行説は支配階級の大切な理念となった。

最初に「陰陽」から説明すると、〈陰〉と〈陽〉は、宇宙を構成する最も基本となる2つの要素であり、それが「調和の基」と考えられていた。具体的に言えば、季節なら夏と冬、温度なら熱さと冷たさ、時間なら昼と夜、人間なら男と女……このように、〈陰〉と〈陽〉がほどよく交わることによって、人間を取り巻く環境はちょうどいいバランスが保たれるというのが「陰陽」の捉え方だ。

次に、「五行」の概念はどういうものだろうか。

世界は〈木〉〈火〉〈土〉〈金〉〈水〉の5つの物質で成り立っている、と考えるのが「五行」である。そして、この5つの物質は「相生《そうじょう》」と「相克《そうこく》」の性質を持っており、お互いに助け合ったり、あるいは邪魔をしたりしていくので、その本質を見極めて適切に対応することが理想とされていた。

実際に「相生」と「相克」の中身を見てみる。

「相生」は助け合う関係のことだが、〈木〉は〈火〉を、〈火〉は〈土〉を、〈土〉は〈金〉を、〈金〉は〈水〉を、〈水〉は〈木〉を助けていく。

次に「相克」の場合だ。邪魔をしていく関係を見ると、〈木〉は〈土〉に、〈土〉は〈水〉に、〈水〉は〈火〉に、〈火〉は〈金〉に、〈金〉は〈木〉に勝ってしまうのだ。

こうした関係性をわきまえておくと調和が自然と保たれていくのが「五行」の考え方で、例をあげれば、方角と色に直結している。たとえば、〈土〉は中央を意味しており、色は黄色である。同じように例示すると、〈木〉は東と青、〈金〉は西と白、〈火〉は南と赤、〈水〉は北と黒、というようになっている。以上のことを「五方色」と呼び、韓国の文化を理解する上で欠かせない常識になっている。

こうして、「陰陽」と「五行」が互助あるいは牽制することで自然の均衡が保たれるという考え方が一般的となった。

身近な例で言うと、陰陽五行説は食生活にも影響を与えている。歴史的に言うと、朝鮮王朝時代には「陰陽」と「五行」のバランスが常に求められていた。たとえば、暑いときにこそ熱い食べ物を食べて、寒いときにはむしろ冷たい食べ物を積極的に取りいれた。代

五行の関係図

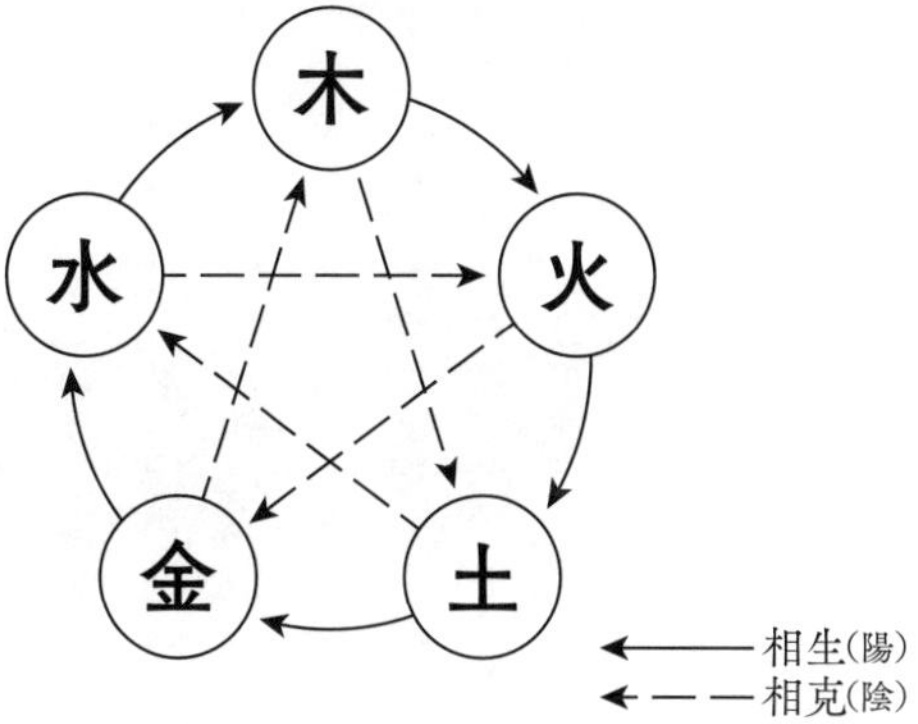

五行の方角と色

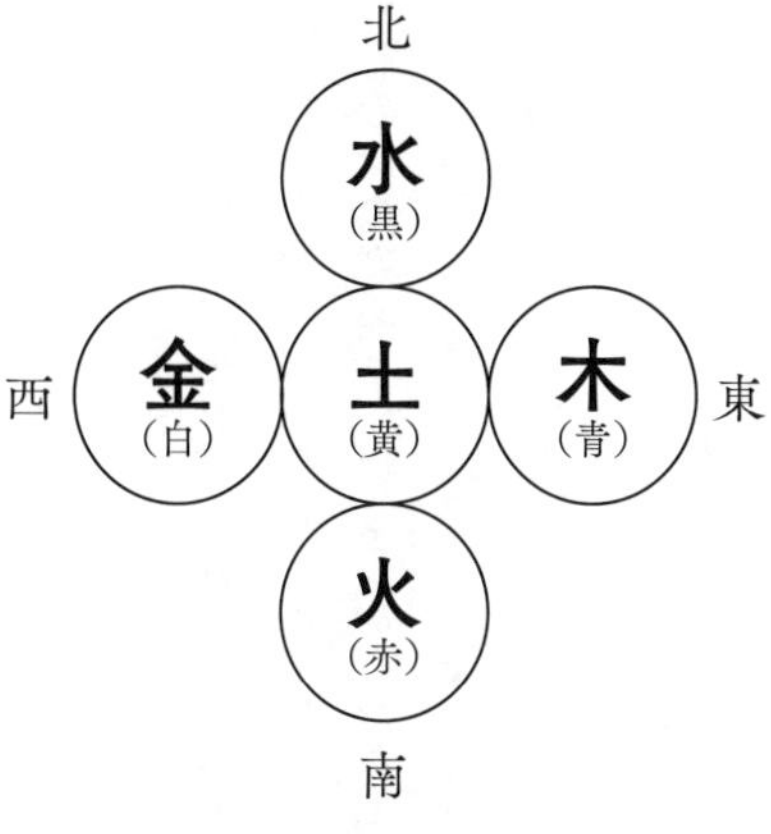

表的な料理が参鶏湯（サムゲタン）と冷麺だ。

韓国では真夏に保養食を食べる「三伏」という日が3日ある。日本で言えば「土用の丑の日」がそれにあたるが、「三伏」も「五行」が活用されている。「伏」というのは、「陽気」に抑えられて「陰気」が伏せてしまっているという解釈であり、夏を越えるために気力を充実させておくという趣旨がある。

なぜ、真夏なのに「熱く陽の性質」を持った料理を食べるのか。それは、夏にはからだを保っていた「陽気」が外に発散してしまって「陰気」だけが残るからだ。これではバランスを欠いてしまう。夏にお腹を壊すことが多いのもそのためであり、むしろからだを中から温めてくれる料理が必要とされた。それゆえ、真夏の「三伏」にあえて参鶏湯を食べたのである。その反対に、冬こそ冷麺を食べて、からだの中で「陰気」と「陽気」がほどよく調和することを心がけた。

料理だけではない。一事が万事であり、今でも韓国ではあらゆる生活態度の基本に陰陽五行説の考え方が浸透している。

10 食生活

韓国を代表する料理は歴史の荒波から定着していった

民族の暮らしに直結する食生活。現代の韓国人の食事は長い歴史の中で育まれてきたが、その代表例としてキムチと肉とスープを取り上げてみよう。

まずはキムチから。

古代の三国時代から人々の食生活を支えたのがキムチだ。塩をまぶして身近な野菜を漬けて食べる……新鮮な野菜を食べられない冬の保存食でもあった。そんなキムチの歴史を劇的に変えたのが唐辛子の登場だ。

唐辛子は原産地がメキシコで、朝鮮半島には16世紀の終わりから17世紀の初めに伝わってきた。朝鮮半島のカルシウム分が多い土壌によく合い、唐辛子が大きな形に育ち使い勝手が良かった。それが、伝統的なキムチに取りいれられるようになり、庶民の間に広まっていった。

以前のキムチはまったく赤くなかったのに、朝鮮王朝後期には唐辛子が活用されたキムチが食卓に映える主食級になった。また、以前は大根、ナス、キュウリがキムチの食材だったが、農耕技術の向上で大量に栽培できるようになった白菜がメイン食材となっていった。

その影響で定着したのが「キムジャン」だ。初冬に大量のキムチを一気に漬けることを意味しており、古代からその風習があったとはいえ、朝鮮王朝時代後期には規模が拡大して現代でも国民行事になっている。

こうしてキムチは韓国料理の絶対条件となった。まさに「キムチこそが歴史の賜物」と言っても過言ではない。

次に焼肉文化について。

朝鮮半島では古くから肉食の習慣があったのだが、高麗王朝時代前期には殺生を嫌った仏教の隆盛にともなって肉をほとんど食べなくなっていた。しかし、高麗王朝時代後期には、肉を好んだ元に支配された影響で再び肉食が見直される風潮が生まれた。その後、朝鮮王朝が仏教を排斥して儒教を国教にしたことにより、一気に食生活が変わり、食卓に肉が上がるようになった。

当時は、先祖崇拝の象徴である祭祀が重要な儀式として定着したが、祭祀の御膳には肉料理を飾ることが不可欠で、お供えした後に参列者が喜んで食べた。

その中で貴重な肉を大勢で食べることが普遍的になり、人々は牛や豚のどんな部位も残さなかった。

「牛を食べた後は何も残らない」

そんなことわざもあるほどだ。

なにしろ、韓国語で牛の部位を示す単語は120もある。その数は、世界の言語の中で飛びぬけて多いという。それは、肉だけでなく、内臓や軟骨まで食べ尽くしたことを端的に表している。

しかも、朝鮮王朝時代には肉を焼く方法や味付けが飛躍的に増え、それが好循環となって肉が好きな国民性が定着するに至った。そうした焼肉文化は今の韓国にもしっかり受け継がれている。

最後にスープについて。

韓国には本当にスープ料理が多い。代表的なのが、ご飯と一緒に出汁を飲む「クッ」、具材がメインとなっている「チゲ」、調理しながら食べる「チョンゴル」などである。

スープが発達したのは、内陸部に大都市があって乾燥した気候に住んでいる人が多かったことと、貴重な肉を最後まで楽しむための有効な手段であったことが挙げられる。たとえば、スープ料理の定番となっているソルロンタンは、牛の骨と様々な部位の肉を長く煮込んで作るものであり、「肉と骨を生かしたスープ」の典型例となっている。

このように、合理的に肉料理を最後まで味わうために様々なスープが考案されて食卓を賑わせてきた。

さらに、スープ料理の発達は「スッカラ」と呼ばれるスプーン（匙）の普及を促した。今も韓国では食事のときに「スッカラ」を欠かさずに使ってスープの出汁と具を食べやすくしている。

まさに「スッカラ」こそが、韓国のスープ料理の象徴と呼べるかもしれない。

第2章

通史でよくわかる「王朝二千年の歴史」

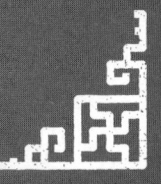

1　神話から史実の世界へ

ユーラシア大陸の東端の一部を形成する「南に突き出た半島」。この地域で、神話に彩られた雰囲気を持つ檀君（タングン）朝鮮が繁栄した時期を経て、次に箕子（キジャ）朝鮮、そして衛満（ウィマン）朝鮮という国々が次々と姿を現したとされている。これら3つの朝鮮は総じて「古朝鮮」と呼ばれることが一般的である。

古朝鮮の中では、考古学の手法を駆使しても、その存在が確かに証明されているのは衛満朝鮮のみである。言い換えれば、歴史の中で実際にあった国として認められるのは、衛満朝鮮が最初であるということだ。

この衛満朝鮮は、紀元前195年頃から紀元前108年までにわたって存在していたと推測されている。

衛満とは本来、古代中国の一角である燕から亡命してきた、野心満々の人物のことを指す。彼は自らの支配地域を広げようとしたが、漢の武帝の怒りを買い、結果として漢の軍によって滅ぼされてしまった。その後、漢は衛満朝鮮の土地に楽浪郡を始めとする4つの郡を設けて直轄地にした。

とはいえ、朝鮮半島北部から中国東北部にかけての広大な土地には、多くの土着の部族たちが支配地を持っていた。その中でも特に強力だったのが扶余（プヨ）であった。

扶余の民の中から現れたのが、後に高句麗（コグリョ）を建国した朱蒙（チュモン／在位は紀元前37～紀元前19年）である。彼は卓越した才能を発揮し、高句麗を短期間で大いに発展させた。

紀元前19年、朱蒙のもとに1人の青年が訪ねてきた。瑠璃（ユリ）と名乗る彼は、実は朱蒙が若い頃に結婚した際に生まれた息子であった。朱蒙は彼を見て心から喜んだが、瑠璃の登場は内紛を引き起こす原因になりそうだった。なぜならば、朱蒙は新たな地で再び結婚し、沸流（ピリュ）と温祚（オンジョ）という2人の息子をもうけていたからである。瑠璃を加えれば、直系の息子は3人となるが、王位に就けるのは1人だけである。

最終的に朱蒙が後継ぎに選んだのは瑠璃であった。それを受けて沸流と温祚はやむを得ず、わずかな家臣とともに高句麗を去り、南下することを決意した。すると、多くの農民たちが彼らを慕ってついてきた。

一行は住みやすい土地を求めて旅を続けたが、沸流は海岸沿いに住むことを決めた。家臣たちは「もっと住みやすい土地があるはずです」と反対したが、沸流はそれを聞き入れず、海岸を拠点とした。それが現在の仁川（インチョン）の周辺である。

一方、温祚は慰礼城（ウィレソン／現在で言うとソウル郊外）に目をつけ、そこに都を築いて国号を十済（シプチェ）と定めた。それが紀元前18年の出来事である。

慰礼城は次第に発展し、十済はその勢力を拡大していった。一方で沸流は土地の貧しさに苦しみ抜いた。

彼は成功している弟の温祚を見て心からの羞恥を感じながらこの世を去った。沸流に従っていた民たちも温祚の下に集まり、十済はさらに大きな国家へと成長した。これを機に国号も百済（ペクチェ）へと変更された。

結論として、百済は扶余の流れを汲む国家であった。この点では高句麗とも同様であり、両国は兄弟国家のような存在であった。

以上の話はどこまで信憑性があるか明確に断定できないが、古代の歴史を記録した『三国史記』に記されている。

2 それぞれの建国

朝鮮半島の北部から中国の東北部にかけて広がる土地には、中国の巨大帝国であった漢が楽浪郡を筆頭に4つの直轄地を設けていた。そして、朝鮮半島の中央から南部にかけて広がる地域には、紀元前に馬韓（マハン）、弁韓（ピョナン）、辰韓（チナン）といった部族の集合体が存在しており、いわゆる三韓時代と呼ばれる時期があった。ただし、以上の3つは国家というよりも、ゆるやかなつながりを持つ部族連合と言ったほうが正確である。

その中で、力を増した部族が中心となり、国家の再編成が行われるようになった。たとえば、馬韓に所属していた伯済（ペクチェ）が中心的な役割を果たして新しい国家である百済が誕生した。

また、辰韓が徐々に勢力を増して新羅（シルラ）へと生まれ変わった。弁韓でも再編成が行われ、伽耶（カヤ）が誕生した。

紀元後の時代になると、朝鮮半島の北部から中国東北部にかけての地域では高句麗が、朝鮮半島の南東部では新羅が、そして、南西部では百済が領土を確保するようになった。

ただし、高句麗は漢の影響力から完全に自立するのに時間がかかった。

また、新羅と百済に挟まれていた伽耶は、当初は三国に対抗できる力を持っていた。初代王として伝説に名を刻むのは金首露（キム・スロ／在位は42～199年）であり、その治世は157年にわたり、信じられないほど長い期間であった。こうなると、神話に彩られた人物であった、と言わざるをえない。

伽耶は5世紀以降に新羅や高句麗から圧迫を受け、力が徐々に弱まっていった。こうして、中央集権国家としての政治体制を築くことができなかった伽耶は、562年に新羅に統合される運命をたどった。

3 高句麗の隆盛

高句麗の初代王・朱蒙は、紀元前19年に亡くなった。彼の死後も高句麗は徐々にその領域を拡大し、周辺地域の小国を絶え間なく吸収しつつ勢力を強めていった。

2代王として瑠璃が王座に就くと、彼は都を、土壌が豊かで軍事的にも有利な鴨緑江（アムノッカン）中流の国内城（クンネソン）へと移転させた。これが功を奏し、高句麗は国力を高めていった。

高句麗の勢力がさらに勢いを増したのは、6代王・太祖（テジョ／在位は53～146年）の時代になってからである。彼は7歳という幼さで王位に就いたが、その頃からすでに彼の才能は人並み外れていた。成人を迎えると、彼は力強く楽浪郡を抑え込み、さらに領土を広げていった。記録によれば、彼は百歳に達した146年まで王位にあったとされる。彼の威光は「太祖大王」という称号にふさわしいものだが、どこまで信じていいのかは少し疑問だ。古代の歴史を見るときには、常に「猜疑心」が必要かもしれない。

高句麗は313年になると楽浪郡を攻め、中国の影響力を追い払うという大業を成し遂げた。しかし、百済との戦いでは大敗を喫することが多かった。そんな困難な状況を乗り越えて国を立て直したのが17代王の小獣林王（ソスリムワン／在位は371～384年）である。

そして、小獣林王に続いて高句麗を飛躍させたのが、19代王の広開土大王（クァンゲトデワン／在位は391～413年）だ。彼の本名は談徳（タムドク）。「広開土」は死後に授けられた尊称であり、「広い国土を切り開いた」という偉業を讃えたものだ。

広開土大王が成し遂げた業績はとてつもない。彼は領土を拡張し、5世紀前半には東ア

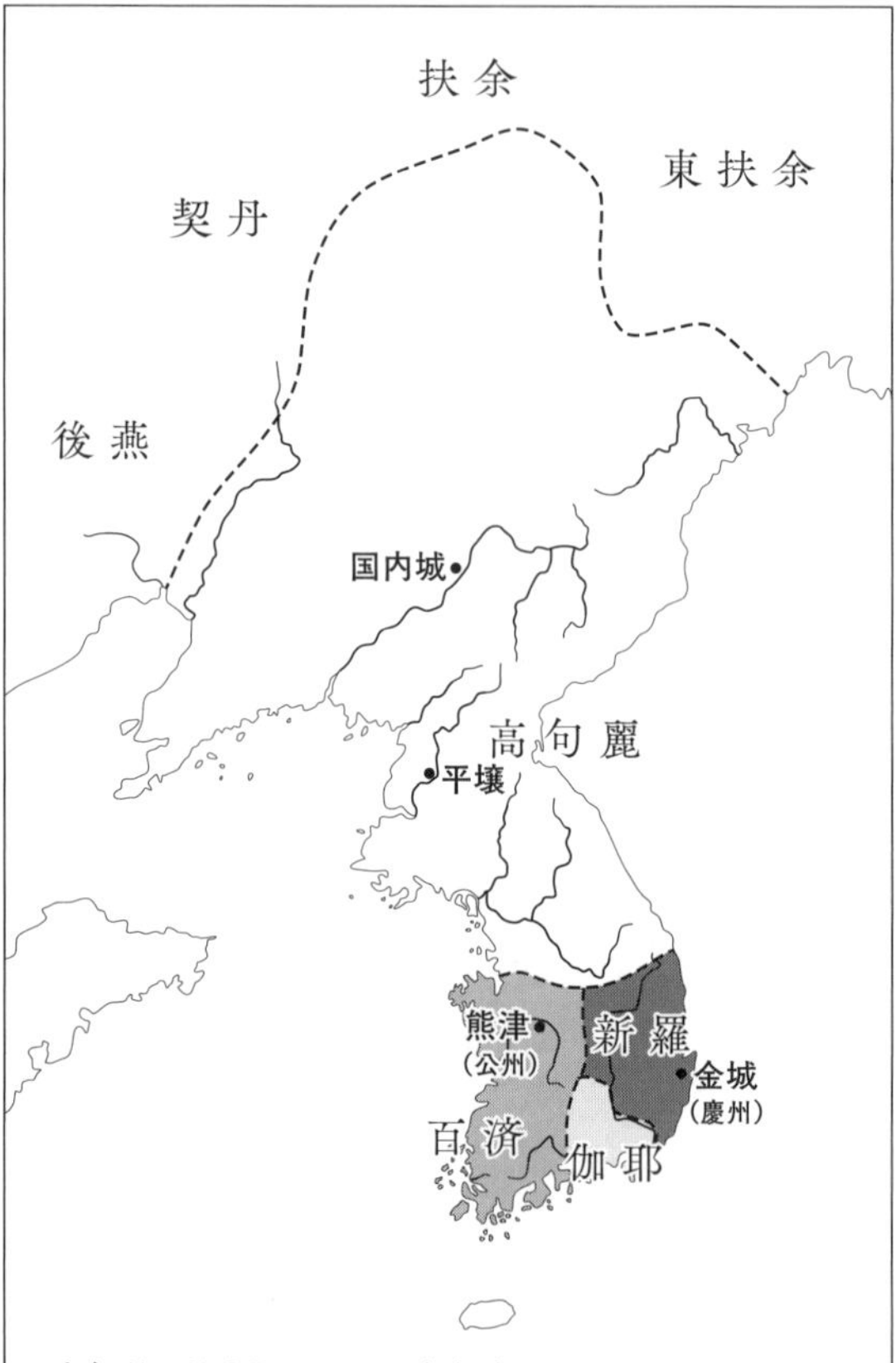

高句麗が最盛期のときは、朝鮮半島の北部から中国東北部（旧満州）にかけて広大な領土を獲得していた。百済と新羅の間に伽耶があったが、562年に新羅に吸収された。

5世紀の三国時代勢力図

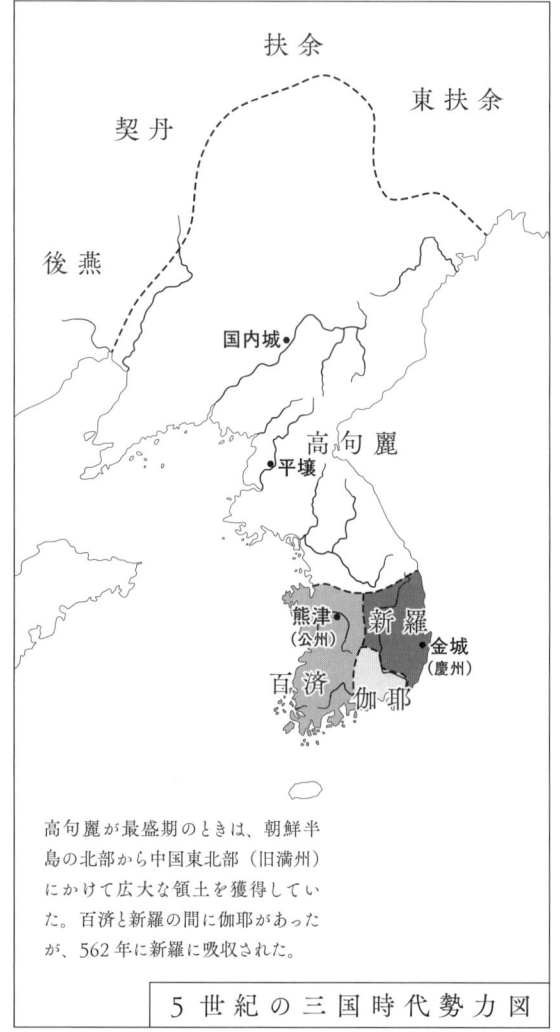

ジアにおける一大帝国を築き上げた。特に、強力な騎馬軍団と優れた製鉄技術は周辺国にとって脅威であった。

高句麗の黄金時代を築いた広開土大王の死後も繁栄は続き、20代王・長寿王（チャンスワン／在位は413～491年）は、都を国内城から平壌（ピョンヤン）へと移した。

4 百済の栄華盛衰

百済は4世紀の後半に朝鮮半島の南岸にまで勢力を拡大させた。立役者が13代王・近肖古王（クンチョゴワン／在位は346～375年）だ。

当時の都である慰礼城には漢江（ハンガン）が流れていた。その美しい川原で、近肖古王は自らの軍を鍛え上げた。その結果、勇気を持って高句麗との戦いに臨んでいき、大きな勝利を得ることができた。

しかしながら、傑出した英雄の死が国家を傾かせた。近肖古王がこの世を去ると百済の安泰が途端に危うくなった。南下を狙う高句麗は475年に大軍をもって慰礼城を攻めた。壮絶な激戦となった後、百済の戦況は不利となり、21代王・蓋鹵王（ケロワン／在位は45

5～475年）は、避難しようとした途中で高句麗軍に捕らえられて命を失った。

百済は高句麗との戦闘が長引くと、都を南へと移し、熊津（ウンジン）という地に新たな首都を定めた。この地は、現在の公州（コンジュ）だ。

501年、25代王である武寧王（ムリョンワン／在位は501～523年）が即位し、20年以上も善政を施して国を治めた。この時期には国力も回復し、華やかで豊かな王朝文化が盛り上がりを見せた。

武寧王が523年にこの世を去った後、その血筋を受け継ぐ彼の息子が26代目の王として即位した。それが名高い聖王（ソンワン／在位は523～554年）である。

聖王は、学識の深さと人格の高潔さで知られ、その在位期間中には民衆たちから深く慕われた。そんな聖王は、538年に国号を「南扶余」へと改め、泗沘（サビ／その後の扶余〔プヨ〕のこと）に遷都するという大胆な決断を下した。

また、聖王は日本と深い関係を築いている。552年（一部の説では538年）、仏教を深く知っていた聖王（日本では「聖明王」と称されている）は、日本の朝廷へ仏像や経典を贈った。これは百済が日本と良好な関係を築くという強い意志の表れでもあり、彼の贈り物は日本における仏教信仰の大きな契機となった。

百済の旧都・公州に行くと歴史的な古墳を見学できる

武寧王陵（宋山里古墳群）の模型展示館

このように聖王が日本に目を向けていた背景には、新羅と高句麗を牽制するという目的が強く存在していたと考えられる。実際、聖王は高句麗に奪われていた漢江地域の奪還に情熱を燃やしていた。これは、先祖がかつて支配していた土地であったからである。聖王は、巧みな外交戦術で新羅の協力を取り付け、高句麗が北方地域の防衛に気を取られている隙を突いて、漢江地域を奪回することに成功した。

しかし、その喜びも束の間、新羅のほうが裏切ってきた。これは、聖王にとって予期せぬ誤算であった。漢江地域を新羅に奪われた聖王は、果敢に新羅を攻めたが、554年に捕虜となり、最終的には処刑されてしまった。国王である彼の最期は、とても悲劇的で無残なものであった。

その後の百済は苦難の道を歩むこととなったが、600年に名君と称された30代王・武王（ムワン／在位は600〜641年）が即位した。彼は41年間王位にあったが、その統治下で百済は一時的にでも安定を取り戻すことができた。

5　新羅の発展

新羅は高句麗の南下をいつも警戒していた。この点では百済との利害関係が一致しており、両国は443年から約110年間にわたって良好な同盟関係を築いた。特に、551年に新羅は百済と協力して高句麗から漢江地域を奪取した。

しかし、その地を独占しようとしたために百済との関係が悪化して同盟関係が崩れてしまった。

それからは新羅でも苦難の時代が続く。起死回生の政策として、新羅は中国大陸の唐に使節を頻繁に送り、背後から高句麗や百済を牽制する戦術を取るようになった。これが新羅を救った。唐にとっても新羅からの協力要請は渡りに船であった。なぜなら、唐は高句麗を執拗に攻めてはいたものの、ことごとく失敗に終わっていたからである。

唐は新羅と手を組むことで、朝鮮半島の支配に対する新しい戦略を組むことができるようになった。

643年、新羅は百済と高句麗の共同攻撃を受けた。すかさず唐に援軍を求めたが、このときの唐はしたたかだった。すぐには動こうとはせず、むしろ自らの王族を新羅の国王に据えることを条件に出してきた。

当時の新羅においては、善徳女王（ソンドクヨワン／在位は632～647年）が27代目の君主だった。彼女は聡明で洞察力に優れた女王であった。

しかしながら、新羅の保守派は、唐から差し出された条件を呑むことで彼女を王座から引き摺り下ろそうと画策していた。それを阻止したのが王族の一員であった金春秋（キム・チュンチュ）だった。

彼は後に盟友の金庾信（キム・ユシン／595～673年）と組んで巧妙な外交戦術を展開し、新羅と唐を結びつけることで強力な連合軍を形成する立役者となった。やがて彼は654年に即位し、29代王・武烈王（ムヨルワン／在位は654～661年）となった。

6 百済の滅亡

新羅と唐の連合軍は、「先百済、後高句麗」という攻略作戦を採用した。この戦略の背景には、容易に攻略できるほうから順番に敵を倒していく、という緻密な計画が存在していた。

百済では、先代の武王の治世の後、義慈王（ウィジャワン／在位は641～660年）が31代王として統治していた。

彼は即位当初は善政を行っていたが、やがて堕落していった。『三国史記』にも彼の生活の乱れが記されている。「王は淫乱と享楽をむさぼり、酒を飲んで遊興した」「王は家臣に諫められると、その者を投獄してしまった。もはや誰も諫める者がいなくなった」と書かれるようでは、三国が互いに拮抗している状況において生き残ることは困難であった。

660年、百済は新羅と唐の連合軍に挟み撃ちにあった。百済の首都の空気は緊張で張り詰めていた。政権の中心を担う者たちは絶え間なく激しい議論を繰り広げた。しかし、最良の防衛策を見つけることはできなかった。

義慈王はうろたえるばかりであった。百済がこのような状況に追い込まれた原因は、彼自身の享楽的な生活態度と政治に対する無関心だ。しかし、後の祭りであった。

窮地に立たされていた義慈王は、百済が誇る最高の将軍である階伯（ケベク）を呼び寄せ、「都を何としてでも守ってくれ。他にできる者はいない」と命令した。

階伯は悲壮な決意を見せたが、戦場に向かう前に、一度は家族の元へと戻った。

「これから新羅の軍勢と戦う。もし敗れれば、みんな奴隷として扱われる。それだけは絶対に避けなければならない」

そう言った後で、階伯は自らの手で妻と子供たちの命を絶った。

もはや失うものは何も残っていなかった。階伯は5千の兵士を率いて新羅軍と向き合った。相手の軍勢は十倍。数的には極めて不利な状況であった。それでも階伯は「昔、越の王は5千の兵で70万の呉軍を打ち破った。我らもまた同じ偉業を成し遂げよう」と兵士たちを鼓舞した。

階伯のこの檄は百済の士気を高め、彼らは新羅軍に果敢に立ち向かった。戦術的にも階伯の策略は功を奏し、百済軍は何度も勝利を手にした。しかしながら、戦いが長引く中で兵力差は決定的になり、百済軍の状況は厳しさを増していった。

階伯は最後の瞬間まで戦い続けたが、戦闘の渦中で命を落とした。百済軍は崩壊し、都の扶余も陥落した。扶余は火の海と化し、義慈王をはじめとする多くの百済の人々が捕虜として唐の地へと連行されていった。また、王宮の宮女たちの多くが崖から川に身を投げたと言われている。国の滅亡とは、まさにこうした事態を指すのであろう。

7 白村江の戦い

王家は崩壊したが、百済の再興を信じて局地的に戦ったのが鬼室福信（キシルポクシン）だ。彼は義慈王のいとこだった。

生き残った兵を巧みに編制して、鬼室福信はゲリラ戦を展開し、戦功を多く挙げた。すると、鬼室福信は特使を日本に送って、義慈王の息子であった豊璋（プンジャン）を百済に戻してほしいと要請した。実は、豊璋は631年に日本に来て、弟と一緒に百済と日本の橋渡し役を務めていた。日本から見れば人質と同様なのだが、豊璋から見れば日本の国情を探るつもりだった。

当時の日本の朝廷では、百済系が一定の勢力を保っていた。彼らの尽力が功を奏し、朝廷は豊璋の帰国を許可した上に5千の兵を付けた。

こうして百済に戻った豊璋に鬼室福信は臣下として仕えた。662年5月には豊璋が百済復興軍を指揮する暫定的な王になった。

勢いづいた復興軍は都の奪還を狙ったが、その最中に鬼室福信と豊璋の内紛が勃発した。

何よりも、豊璋は30年近くも日本にいて百済の最新事情がよくわからなかったのに、鬼室福信をさしおいて軍事面で独断が多かった。その末に戦略的な失敗を重ねた。

両者の対立が深まる中で、豊璋が鬼室福信を急襲して斬首した。この内紛によって鬼室福信という軍事の統率者を失った復興軍は弱体化。それでも、豊璋の要請によって日本の朝廷は援軍と船400隻を出した。

663年、白村江（はくそんこう）で百済・日本と新羅・唐の戦いが始まった。白村江は地元では錦江（クムガン）と呼ばれており、660年に百済の王宮が陥落したときに、数多くの宮女が崖から身を投げた川だった。

その因縁がある川で壮絶な戦いが行われたが、日本は水上の戦いに不慣れだった上に、船も唐に比べて相当に小さかった。百済・日本の水軍は大敗し、豊璋も真っ先に逃げてしまった。

こうして百済の復興は叶うことがなかった。おびただしい難民が生まれ、その多くは新たな生活を求めて日本へと向かった。百済の滅亡は、日本にとっても重大な影響を与えた出来事であった。

百済滅亡時に宮女が身を投げた落花岩の断崖

百済復興軍・日本と新羅・唐の戦いがあった白村江
(地元では錦江と呼ばれる)

8 三国統一と渤海

百済を滅ぼした新羅。立役者であった武烈王が661年にこの世を去り、息子の文武王（ムンムワン／在位は661〜681年）が王位に就いた。母は金庾信の妹であった。文武王は伯父である金庾信の強力な支持を受けながら、朝鮮王朝の統一を目指した。次の標的は高句麗だ。

以前から唐の激しい攻撃を受けていた高句麗であったが、淵蓋蘇文（ヨンゲソムン／?〜666年）という卓越した指導者が高句麗の基盤をしっかりと支え続けていた。彼は自らが王になれる立場にありながら、それを選ばずに最高の官職に留まり、将軍として国全体に目を光らせていた。しかし、寿命だけはどうしようもない。666年に淵蓋蘇文が亡くなった。

その喪失は高句麗に混乱をもたらし、淵蓋蘇文の息子たちは王位を巡って争いを起こす有様であった。このような状況では、新羅と唐の連合軍に対抗することは不可能であった。668年、28代王である宝蔵王（ポジャンワン／在位は642〜668年）がついに降伏し、高句麗は滅亡の道をたどった。

新羅と唐はその後の領土配分を巡って意見が一致せず、唐は高句麗や百済の土地を独占しようと企んだ。この唐の動きを、新羅が黙って見ているはずもなかった。

こうして、新羅と唐の間で武力衝突が起こった。新羅は高句麗や百済の遺民を巧みに取り込み、自らの軍勢を大いに拡大し、20万もの兵を擁する唐の大軍を打ち破った。特筆すべきは、新羅の兵士たちには「祖国を守れ！」という強い使命感があったことだ。そうした意志こそが原動力になる。

676年、新羅は唐を排除して三国統一という長年の夢を達成した。これは偉業であったが、残念だったのは、新羅が統一した地域が大同江（テドンガン）より南側に限られていたことだ。北側の高句麗の領土の一部が含まれていないのである。外国の力を借りた結果とも言えるが、この点が惜しまれる。

高句麗が滅亡した後、高句麗の領土に残った人々は唐に対するゲリラ活動を継続した。この状況に苦慮した唐は、高句麗の遺民たちを分散させる政策を実施した。そんな中で高句麗の復興を決意したのが大祚栄（テ・ジョヨン／?～719年）であった。彼は高句麗の遺民たちを率いながら東の地へと移動し、698年に震（チン）を建国した。後に国号は渤海（パレ）と改められたが、高句麗の領土の北方に位置する地域には新羅の統治の手が及ばなかった。それが、8世紀から9世紀にかけての朝鮮半島の勢力図であった。

渤海は高句麗の魂を受け継いだ国家であり、初代の大祚栄（高王と称された）から王権も強固に築かれた。渤海は新羅と唐から攻撃を受けながらも、領土を広げるほどの強さを見せた。しかし、10世紀に入ると国力が衰え、926年に契丹によって滅ぼされた。

9 後三国時代から高麗時代へ

三国統一後の新羅はさらに発展し、都の慶州（キョンジュ）は「シルクロードの終着地」として東西の文物が集まる大都会となった。しかし、新羅の華やかな時代は長くは続かなかった。やがて貴族たちが腐敗し、国家財政は窮乏した。

このように国力が衰退していくと、逆に、朝鮮半島の東南端に位置していた慶州の位置が不利になった。実際、慶州から遠く離れた地方に次々と力強い豪族が台頭するようになったのである。

双璧は、農民出身の甄萱（キョンフォン／?～936年）と新羅王族出身でありながら盗賊の一味であった弓裔（クンイェ／?～918年）だ。彼らは怪しい正統性を隠すために由緒ある国名をうまく使った。甄萱は900年に後百済（フペクチェ）を建国し、弓裔は901年に後高句麗（フコグリョ）を興した。新羅、後百済、後高句麗の三国が争う時代は歴史的に「後三国時代」と呼ばれている。

やがて新羅は、後百済と後高句麗より劣勢になっていき、王朝の存続も危うくなっていった。そんな中で、王建（ワン・ゴン／877～943年）という傑出した人物が新たに力をつけていった。

彼は豪族の出身。弓裔の部下として数多くの武勇を挙げ、後高句麗が領土を拡張する上で貢献した。弓裔も王建を高く評価していたが、そもそも弓裔には後三国時代を統一するだけの力量はなかった。最終的に王建は弓裔を追放し、開京（ケギョン／現在の開城〔ケソン〕）を首都とする高麗（コリョ）を建国した。彼は高句麗を深く尊敬し、自らがその精神を引き継ぐという意味で高句麗と似た国号を選んだのである。

時代は大きく動いていた。新たに高麗が誕生しても、後三国時代の混乱は収まっていなかった。王建は新羅のことは尊重していたが、後百済に対しては武力で対抗する戦略を採用していた。

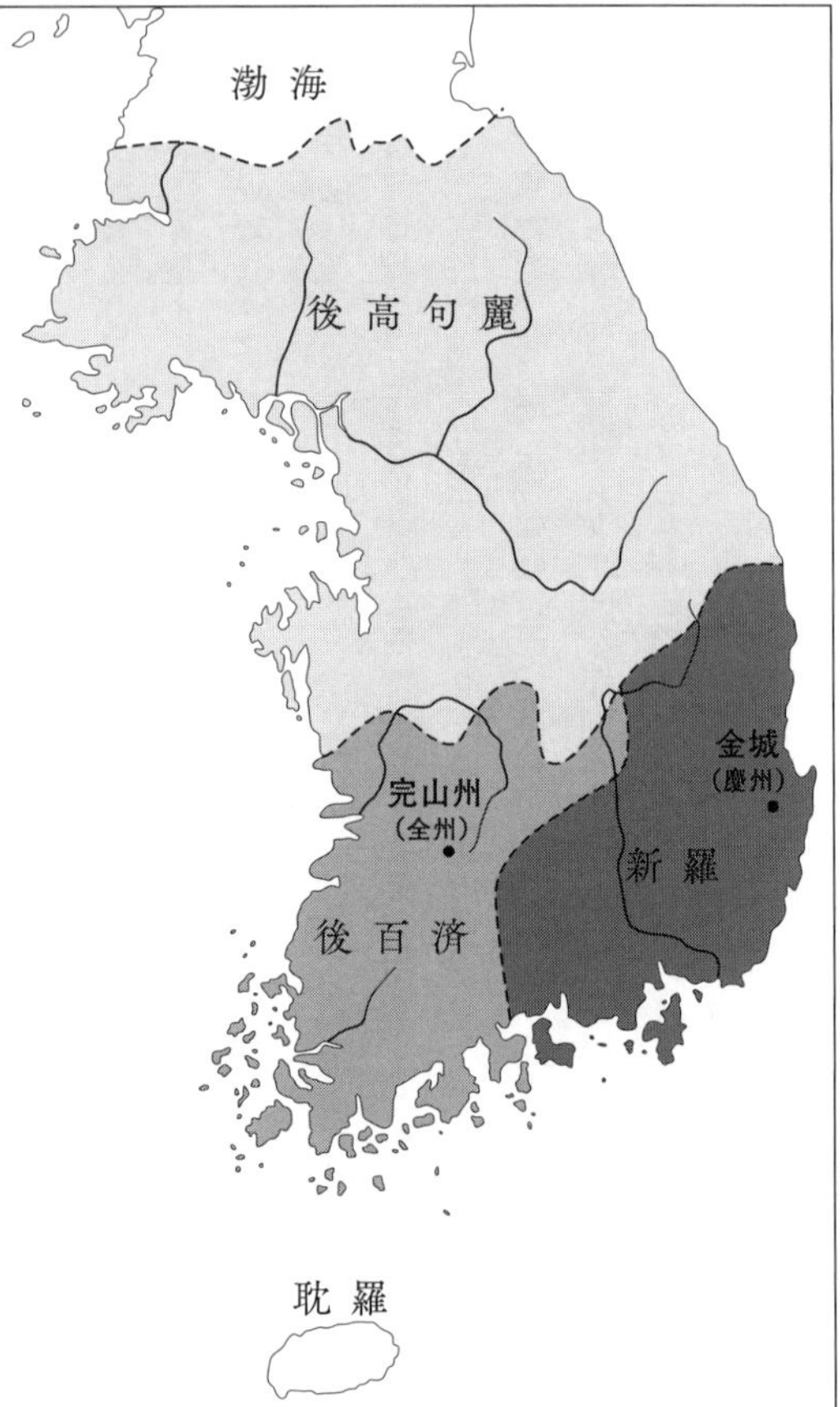

10 世紀の初めには新羅の領土が縮小していて、後百済と後高句麗の領土が一時的に拡大して後三国時代を形成していた。

10世紀初めの後三国時代の勢力図

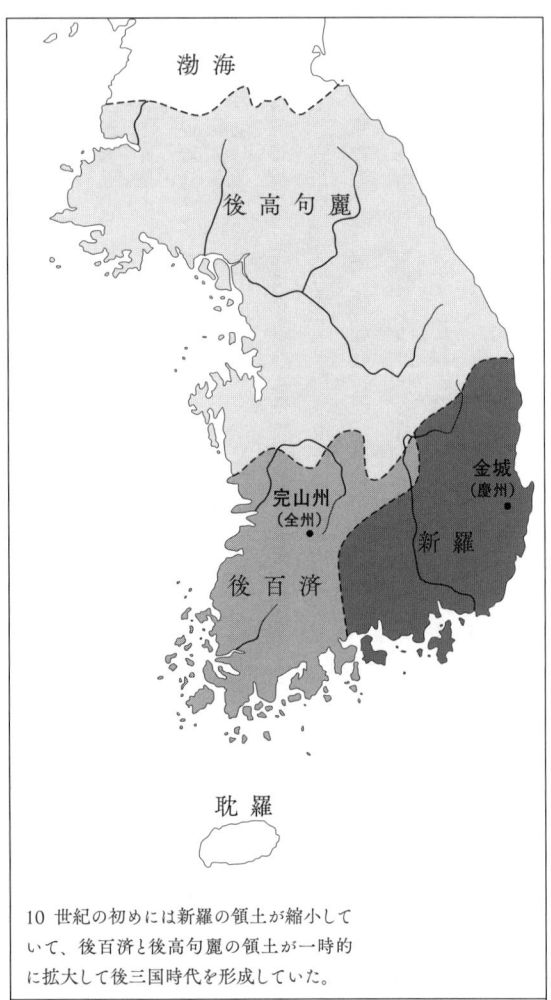

とうとう立ち直ることができなくなった新羅は、935年に自ら高麗に国を譲る形を取り、56代の王によって続いた王朝に終止符を打った。敬順王（キョンスンワン／在位は927～935年）が最後の王であった。

残った敵は後百済のみだったが、高麗は内紛に乗じて後百済を巧みに攻め滅ぼした。こうして高麗は936年に新羅に続く統一国家となった。王建は王朝の創始者を意味する太祖（テジョ）となり、子孫が守るべき「訓要十条」を遺訓にした。これには「仏教を重んじること」「風水地理説の尊重」「王位は嫡男が継承」「官吏の賞罰は公平に行うこと」「王と家臣は徳を積むこと」などが書かれてあった。この遺訓が厳守されたおかげで、高麗は仏教国家としての性格を強く持つこととなった。

10 門閥貴族政治と武断政治

当初の高麗王朝は、政権運営が実に不安定であった。その原因は、王建が精力的に実施した政略結婚に起因していた。

王建は後三国の時代を終焉させる過程で、多くの地域の豪族たちを巧妙に取り込む目的で、果敢な政略結婚を行っていた。なんと、彼には29人の妻がいたという話すらあるほどだ。こうした妻を送り出した豪族たちは、王族として王位継承に介入し、その混乱の中で「2代王・恵宗（ヘジョン／在位は943〜945年）は2年」「3代王・定宗（チョンジョン／在位は945〜949年）は4年」という短い期間で在位を終えざるをえなかった。

肝心の王権は、豪族たちによって自らの利益のために利用されていった。そんな中で即位した4代王・光宗（クァンジョン／在位は949〜975年）は、外戚と豪族たちを制圧するための数々の制度を実行に移した。

中でも特筆すべきは、科挙の実施であった。選抜試験を通して優れた人材を高等官僚の地位に就かせるこの制度は、国の成立当初から権力を握っていた功臣や豪族を排除する上で非常に有効であった。

次に高麗王朝を悩ませたのが北方の民族である契丹の侵攻だった。契丹は自らを「遼」と称し、993年から何度も南下して、高麗政権を脅威にさらしていた。高麗王朝は契丹の侵攻をなんとか水際で阻止することに成功したが、その他にも北方からの異民族の侵入は続き、高麗王朝にとって常に不安材料になっていた。

国内でも科挙を通じて優遇された文官たちが増え、極端な門閥社会へと変貌していった。

必然的に、王室との婚姻を通じて権力を得ようとする門閥貴族が出現し、慶源・李氏（キョンウォン・イシ）の一族は11世紀後半から80年にわたり政権を掌握した。

門閥貴族政治が幅を利かせる中で、武官たちの中には大きな不満を抱えている者が多かった。彼らは確かに軍事力を持っていたが、地位や役職は常に文官よりも低かった。しかも、文官たちは武官に対して見下すような態度をとることが一般的であったため、武官たちの怒りが増幅するようになった。

ついにクーデターが起こった。１１７０年に有力な武官たちが決起し、敵対する文官たちを次々と殺害した。さらに18代王・毅宗（ウィジョン／在位は１１４６〜１１７０年）を追放。彼らが意のままに操ることができる明宗（ミョンジョン／在位は１１７０〜１１９７年）を王位に就けた。

しかし、武官たちは私兵を増やし、無益な権力争いを繰り広げた。暗殺が横行して血なまぐさい世間になってしまった。

混乱の中で次に政権を掌握したのが崔忠献（チェ・チュンホン／１１４９〜１２１９年）であり、彼は要職を一族で独占して代々世襲させる制度を確立した。そのやり方は狡猾で巧みだった。そのために、崔氏一族による武断政治は１２５８年まで延命した。

11 蒙古襲来

高麗王朝は契丹や女真族の侵攻を数多く受けて、常に防衛において苦悩し続けていた。次に、中国大陸で勢力を増していた蒙古も高麗王朝に押し寄せてきた。特に1231年には蒙古の大軍が強烈な侵攻を仕掛けてきた。

当時の蒙古は世界最強級の軍事力を誇っており、高麗王朝の守りにも限界があった。やむなく卑屈なまでに謙虚となり、なんとかして講和の道を模索したが、蒙古から極度な朝貢を強要されてしまった。

1232年、高麗王朝は思い切って都を開京から海を隔てた江華島（カンファド）へと移した。蒙古が海戦に慣れていないことを利用したのだ。

予想どおり、蒙古は大軍で攻めてきて国土を荒らしまわったが、高麗政権は江華島を拠点にして堪え忍んだ。

しかしながら、戦いが40年近くに及び、民衆の不満は極限に達していた。崔氏一族は非難の矢面に立たされ、政権は1258年に倒れた。

1270年、蒙古と内通していた文官たちによって武官政権が倒れ、都も開京に戻った。それは、高麗王朝が蒙古に服従した結果だった。

1271年、蒙古は国号を「元」と改め、高麗王朝に対して徹底した服従を強要した。それでも高麗王朝にはまだ対抗勢力がいた。武官たちが私兵として抱えていた三別抄（サムビョルチョ）だ。

彼らは拠点を次々と南に移しながらゲリラ攻撃を繰り返した。しかし、最終的に済州島（チェジュド）で1273年に全滅してしまった。

12 起死回生の威化島回軍

元が高麗王朝の次に狙ったのは日本であったが、1274年と1280年の2回にわたって行った侵攻は失敗に終わった。

14世紀に入ると、高麗王朝は元の支配から少しずつ解放され、失われていた北方の領土を取り戻し始めた。ようやく民族の自立を確保できるようになったのだ。

社会生活では仏教が隆盛を極めていた。しかしながら、仏教が政権によって過度に優遇されるあまり、逆に負の遺産もあった。仏教寺院が広大な土地を所有し、巨額の利益を上げ、政治に過度に関与することで国政が乱れることも珍しくなかった。また、腐敗した僧侶たちは民衆の反感を買うこともしばしばであった。

高麗王朝を危うくする問題も山積していた。南岸地方では倭寇の被害が拡大し、1359年には北方から紅巾賊が侵入してきて、都を一時的に占拠する事態に至っていた。

このような情勢の中で、新たに勢力を増していたのが新興の武将たちであった。その中で最も目立っていたのが李成桂（イ・ソンゲ／1335～1408年）である。

彼が起死回生の作戦を挙行したのは1388年だ。その頃、中国大陸では元を追い落として統一国家を築いた明が、高麗に対して領土の割譲を求めてきていた。政権内部では明に従う派閥と北方に退却した元を支持する派閥が対立した。

激しい議論の末、元を支持する派閥が勝ち、明を討伐する軍を出すことに決定した。明を支持する立場の李成桂は、皮肉にも討伐軍の大将を任されることとなった。

しかし、李成桂は討伐軍を出すこと自体に反対の立場を取り続けていた。32代王の禑王（ウワン／在位は1374～1388年）は、李成桂の反対意見を聞かず、軍の出発を強要した。やむを得ず、李成桂は軍を率いて出発したが、鴨緑江（アムノッカン）の下流にある中州の威化島（ウィファド）まで来たところで、雨によって進軍が阻まれてしまった。

李成桂は進退きわまったと判断し、一気に軍を引き返した。この出来事を歴史的に「威化島回軍」と言う。その末に開城を陥落させ、政権を完全に掌握した。

その後、李成桂は傀儡《かいらい》の王を王位に据えて裏から高麗王朝を操り続けたが、１３９２年にはついに34代王・恭譲王（コンヤンワン／在位は１３８９～１３９２年）を追放して自ら朝鮮王朝を建国した。

13 朝鮮王朝の建国

１３９２年、李成桂は初代王・太祖（テジョ／李成桂）となった。

彼は新しい王朝にふさわしい政策を次々に実行した。漢陽（ハニャン／現在のソウル）に遷都して正宮の景福宮（キョンボックン）を作り、国教を仏教から儒教に変えた。その際に太祖の信頼できる側近として朝鮮王朝のビジョンを作り上げたのが儒学者の鄭道伝（チョン・ドジョン／?～１３９８年）だ。

しかしながら、新しい王朝は建国早々から崩壊の危機があった。太祖の後継者争いが紛

朝鮮王朝の正宮「景福宮」の正門となる光化門

今でも光化門では朝鮮王朝時代を彷彿させる儀式が行われている

糾したからだ。

太祖はもともと、高麗王朝の軍人であり、彼のように栄誉を勝ち取る成功者たちの多くは、故郷の本宅に本妻を迎え、都には第二の妻を娶《めと》るという習慣を持っていた。

太祖の場合、彼の最初の正妻は若いころから苦楽を共にした「糟糠の妻」神懿（シヌィ）王后（1337～1391年）であり、後に出世を果たして都で迎えた妻は神徳（シンドク）王后（1356～1396年）だった。

ただし、太祖が朝鮮王朝を創設する前年の1391年に、神懿王后はこの世を去っており、朝鮮王朝成立時の王妃は神徳王后であった。

神懿王后には息子が6人、神徳王后には2人の息子がおり、国王にとっては速やかに後継者を決定することが肝要だった。国王の後継者を世子（セジャ）と称するが、太祖の息子たちの中では、五男の芳遠（バンウォン）が最も卓越した才能を持ち、誰もが彼が後継者にふさわしいと認めていた。

本人も自分が指名されると信じて疑わなかったが、太祖が選んだのは意外にも神徳王后が産んだ八男の芳碩（バンソク）だった。そのとき、芳碩はわずか10歳。一方の芳遠は25歳であった。この意外な指名に誰もが驚いたが、これは太祖が深い愛情を寄せていた神徳王后の懇願によるものであることは間違いなかった。

しかし、この指名が騒動を引き起こした。神徳王后が亡くなった2年後の1398年には、神懿王后と神徳王后の息子たちとの間で壮絶な争いが勃発し、神徳王后の息子2人は悲劇的な最期を遂げてしまった。その結果、芳遠が実権を掌握した。

ただし、そのまま国王になるとあまりにも目立ち過ぎると考えた芳遠は、巧妙に策をめぐらせ、兄で太祖の二男である芳果（バングァ）を2代目の定宗（チョンジョン／在位は1398～1400年）として即位させ、自らは裏で操る立場を取った。

そして、2年間兄を支えた後、芳遠は即位して3代王・太宗（テジョン／在位は1400～1418年）となった。太宗は国王としての風格と実力を兼ね備え、即位後も朝鮮王朝の基盤をしっかりと築き上げた。そして、1418年に王位を三男に譲り渡した。この三男が、朝鮮王朝最高の聖君と称えられる世宗（セジョン／在位は1418～1450年）である。

14 癸酉靖難というクーデター

世宗が現代の韓国で最も尊敬されている偉人になっている根拠は、民族固有の文字を創製したことによる。極論すれば、朝鮮半島には15世紀になるまで正式な文字は漢字しかなかった。それなのに、当時の漢字は難しい文字であり、教育を受けられない一般庶民は漢字を書くことができなかった。

この状況を哀れに思った世宗は、朝鮮半島に住む人々が正確に発音・表記できる文字として訓民正音（フンミンジョンウム／現在のハングル）を創製した。

ただし、創製当時の訓民正音はあまり普及しなかった。なぜなら、特権階級に属する高官たちがその普及を阻害したからだ。彼らは漢字を熟知することによって自らの特権意識を維持し続けていた。

また、世宗自身も訓民正音を創製した際には漢字を完全に否定したわけではなく、むしろ補助的な役割に留めようとした。しかし、訓民正音は時間が経つにつれて世に広まり、今日ではハングルとして韓国で一般的に使用されている文字となった。

こうした偉大な功績がある世宗が1450年に息を引き取った後、彼の長男である文宗（ムンジョン／在位は1450～1452年）が王位を継承した。彼は、「文」という字を諡《おくりな》として贈られるほど、深い学識と優れた知恵を兼ね備えていた。しかも、世宗がこの世を去る前の数年間、彼は代理として政務を仕切り、政治的にも顕著な実績を残しており、名君になる可能性は極めて高かった。

しかし、王位に就いてからは病魔に襲われ、わずか2年でこの世を去ってしまった。

文宗の後を継いで王位に就いたのは、彼の長男の6代王・端宗（タンジョン／在位は1452～1455年）である。彼は、まだ11歳という幼さであった。そこを突いてきたのが世宗の二男である首陽大君（スヤンデグン）であり、1453年に発生したのが「癸酉靖難（ケユジョンナン）」というクーデターである。首陽大君は端宗を支持する高官をこぞって殺害し、一気に政権を掌握した。

さらに、端宗は1455年に無理やり退位させられてしまった。名目上は上王となったが、それは形式的なものに過ぎなかった。こうして、首陽大君は即位し、7代王・世祖（セジョ／在位は1455～1468年）となった。

この世祖の政治的な業績は多岐にわたるが、実際に彼が甥から非道な方法で王位を奪った事実は明白である。

1456年になると、世祖のやり方に憤慨した高官の一部が、端宗を再び王位につけるための復権運動を展開した。彼らは世祖の暗殺をめざしたが、失敗してしまった。端宗が生きている限りは今後も暗殺の危機にさらされると警戒した世祖は、端宗を死罪に処した。

これは1457年の出来事で、端宗はわずか16歳で命を落とすことになった。

世祖は非道きわまりない行動を取るような冷酷な人物なのだが、個人的には不幸が多かった。彼の長男は19歳で急逝しており、「甥を殺した祟《たた》りではないか」と噂された。世祖の次の王位は、長男が早世していたために二男が継ぐこととなり、それが8代王の睿宗（イェジョン／在位は1468～1469年）である。しかし、彼もまた19歳でこの世を去り、王位継承問題が混沌とする。

本来ならば、睿宗の息子が王位を継ぐのが正統的な流れであったが、世祖の正室である貞熹（チョンヒ）王后（1418～1483年）の意向が通り、先に亡くなった長男の二番目の息子が9代王として選ばれる。それが成宗（ソンジョン／在位は1469～1494年）である。

15 基本法典の完成

成宗の最大の業績は『経国大典』を完成させたことだ。これは、朝鮮王朝時代の政治と社会を規定した基本法典であった。

もともと、世祖の命令によってすべての法を体系化する作業が始まった。当時の専門家が総動員されて法整備を進め、基本的な法典が徐々にまとまっていった。それでも、世祖の存命中には完成せず、成宗の統治時代にようやく『経国大典』をまとめた。

中身は「吏典」「戸典」「礼典」「兵典」「刑典」「工典」の六巻によって構成されている。「吏典」から見ていくと、最初に内命婦（ネミョンブ／王宮に奉職する女性の中で品階を持っている人）の品階が記されている。

さらには、外命婦（ウェミョンブ／王族女性や高官夫人の中で品階を持っている人）の品階、各官職の品階などが順に書かれている。

また、「礼典」の中にある「婚嫁」という項目には次の記述がある。

「男子十五歳、女子十四歳になれば、結婚することを許可する。万一、両家の父母の中の1人が病気であったり、五十歳を過ぎていたり、子女の歳が十二歳以上であれば、官に申告することで許可することもできる」

このように『経国大典』では、庶民が結婚できる年齢に至るまで厳格に規定していた。

実際、『経国大典』に載っている官制・田制・税制・兵制などに関する条例は、朝鮮王朝時代のすべての人々を法に従って支配したのである。

そういう意味で、『経国大典』というのは朝鮮王朝の憲法であると同時に、民法や刑法の役割を担っていた。まさに朝鮮王朝の法律は『経国大典』がすべてカバーしていたと言えるだろう。

こうした基本法典を持つ朝鮮王朝の政治体制はどのようになっていたのだろうか。

政治の最高機関は議政府（ウィジョンブ）だ。ここが中心的に王宮を仕切っている。その議政府の最高職が領議政（ヨンイジョン）であり、今で言えば首相に該当する。さらに、領議政の下には左議政（チャイジョン）と右議政（ウイジョン）がいる。この2人がナンバー2である。今で言えば副首相だ。

さらに、議政府の行政は六曹（ユクチョ）に分かれていた。それは、吏曹（イジョ）、戸曹（ホジョ）、礼曹（イェジョ）、兵曹（ピョンジョ）、刑曹（ヒョンジョ）、工曹（コンジョ）という6つの官庁を表しており、長官は判書（パンソ）と呼ばれていた。

また、朝鮮王朝にはさらに多くの中央官庁があった。代表的なものは、承政院（スンジョンウォン）、義禁府（ウィグムブ）、司憲府（サホンブ）、司諫院（サガウォン）、漢城府（ハンソンブ）などであった。

以上のような中央官庁は科挙に合格したエリート官僚たちが仕切っていた。

朝鮮王朝の主な中央官庁

朝鮮王朝は国王を頂点として各中央官庁が組織されていた

- 国王
  - 宗親府　王族の生活全般を管理して公式文書も保管し、王室行事や祭礼も主催した
  - 議政府　行政府の最高機関（六曹）
    - 吏曹　文官の人事などを担当した
    - 戸曹　徴税と財政などを担当した
    - 礼曹　儀礼・外交・科挙などを担当した
    - 兵曹　軍務と武官人事などを担当した
    - 刑曹　法務・刑罰・奴婢管理を担当した
    - 工曹　土木・営繕などを担当した
  - 承政院　王の秘書役で特に王命の出納事務を担当した
  - 義禁府　王命に従って罪人を取り調べた
  - 弘文館　宮中の経籍を管理して国王の諮問に備えた
  - 司憲府　官僚の不正を糾弾して風紀を守った
  - 司諫院　国王に諫言して政治の非を指摘した
  - 漢城府　首都の司法・行政・治安などを担当した
  - 成均館　朝鮮王朝の最高学府で儒学の振興を担った

※この他にも多くの官庁があった

16 恐るべき暴君

偉大な『経国大典』の完成によって歴史に名を残す成宗であったが、同時に、不名誉な評価も受けている。それが、「暴君の父」という言われ方だ。なにしろ、成宗の長男は燕山君（ヨンサングン／在位は１４９４～１５０６年）なのである。名君の後になぜ最悪の暴君が現れてしまったのか。朝鮮王朝としても悪夢と言わざるをえない。

燕山君は贅沢三昧でひどい生活に明け暮れ、さらには、自らの意に沿わない官僚たちを容赦なく虐殺してしまった。このように暴政が激しくなりすぎると、ついには王朝の存続が危ぶまれる事態になった。危機感を持った高官たちが、１５０６年にクーデターを計画する。

中心人物は朴元宗（パク・ウォンジョン／１４６７～１５１０年）である。彼の姉は、成宗の兄である月山（ウォルサン）大君の妻だったのだが、なんと燕山君によって辱《はずかし》められてしまった。その末に、月山大君の妻は絶望のうちに自ら命を絶った。あまりにも悲劇的な出来事だった。こんな非道な男が長く王位に留まることが許されるはずがない。特に朴元宗にとっては、復讐を果たすためにもクーデターを成功させなければならなかった。

燕山君の暴政によってすでに人心はすっかり離れており、クーデターへの賛同者が多かった。決起した人たちが王宮に迫ると、警護の者たちは恐れをなして逃げ出し、中にはあわてふためいて便所に落ちてしまった者までいた。結局、クーデターはあっさりと成功し、燕山君に代わって彼の異母弟が11代王・中宗（チュンジョン／在位は１５０６～１５４４年）として即位した。

この中宗は自分が望んで国王になったわけではなかった。異母兄があまりにひどい暴君で王宮から追放されたので、仕方なく国王になった人物だ。決断力が不足していたので政治を混乱させた。そんな中、悪政で庶民を苦しめたのが文定（ムンジョン）王后（１５０１～１５６５年）であった。彼女は中宗の三番目の正室だった。

そして、中宗の二番目の王妃だった章敬（チャンギョン）王后（１４９１～１５１５年）が産んだ長男が後に12代王になる仁宗（インジョン／在位は１５４４～１５４５年）である。章敬王后が１５１５年に産後すぐに亡くなったので、中宗が再婚して文定王后が仁宗の継母になったのだ。

本当に、血も涙もない継母だった。実際、文定王后が中宗の息子を１５３４年に出産した途端、彼女は仁宗の暗殺を狙い始めた。1544年に中宗が亡くなってから仁宗が即位したが、彼はわずか7カ月で世を去ってしまう。文定王后が仁宗に勧めた餅に毒が盛られていたと疑われている。結局、仁宗の死によって、文定王后は自分が産んだ明宗（ミョンジョン／在位は1545~1567年）を13代王に即位させることに成功した。

明宗は11歳という未成年だったので、王族最長老であった文定王后が代理で政治を仕切った。これが本当に最悪だった。当時、長い凶作が続いて困窮する人が多かったが、文定王后は救済のための対策を行わず、何万人もの民衆を餓死させている。その一方で、文定王后は自分の一族で利権を独占して賄賂政治を横行させた。彼女は1565年に世を去ったが、彼女が残した悪政はとてつもなくタチが悪かった。

17 戦乱から復興へ

朝鮮王朝は1592年に存亡の瀬戸際に立たされた。この危機の原因は、豊臣軍の朝鮮出兵であった。日本では「文禄・慶長の役」と呼ばれる戦争が始まったのだ。

戦国時代を経て戦乱で鍛えられた豊臣軍は強力だった。対照的に、朝鮮王朝は200年もの長きにわたる平穏な日々に安堵し、戦争に備えることを怠っていた。案の定、朝鮮王朝軍は連敗を重ね、宣祖（ソンジョ／在位は1567〜1608年）は首都を捨てて北方へと逃《のが》れざるをえなかった。しかしながら、豊臣軍が総じて優勢だったわけではなかった。明の援軍が駆けつけ、各地で結成された義勇軍が豊臣軍を苦しめたのである。

特に、李舜臣（イ・スンシン／1545〜1598年）が率いる水軍は、頑強な亀甲船を駆って海上を制し、日本からの補給路を断ち切った。その結果、豊臣軍の勢いは急速に衰えていった。1598年、豊臣秀吉の死を機に、豊臣軍は撤退し、戦乱はついに終結を迎えた。とはいえ、朝鮮王朝が受けた被害は甚大だった。

宣祖が1608年にこの世を去ると、後を継いだ15代王・光海君（クァンヘグン／在位は1608〜1623年）は、戦乱で荒れ果てた国土の再建や王宮の修復に尽力した。また、中国大陸で新たな勢力を築き上げた後金（後の清）との外交関係を築き、庶民の税負担も軽減した。このように、光海君はさまざまな分野で成果を挙げた国王であった。

しかし、彼は王位に就く過程で兄弟たちと激しい争いを引き起こし、多くの者から恨みを買ってしまった。これが光海君の命運を決定づけることとなった。1623年にクーデターが勃発し、彼は王宮から追放されてしまった。光海君が志した政治の道は、中途で絶

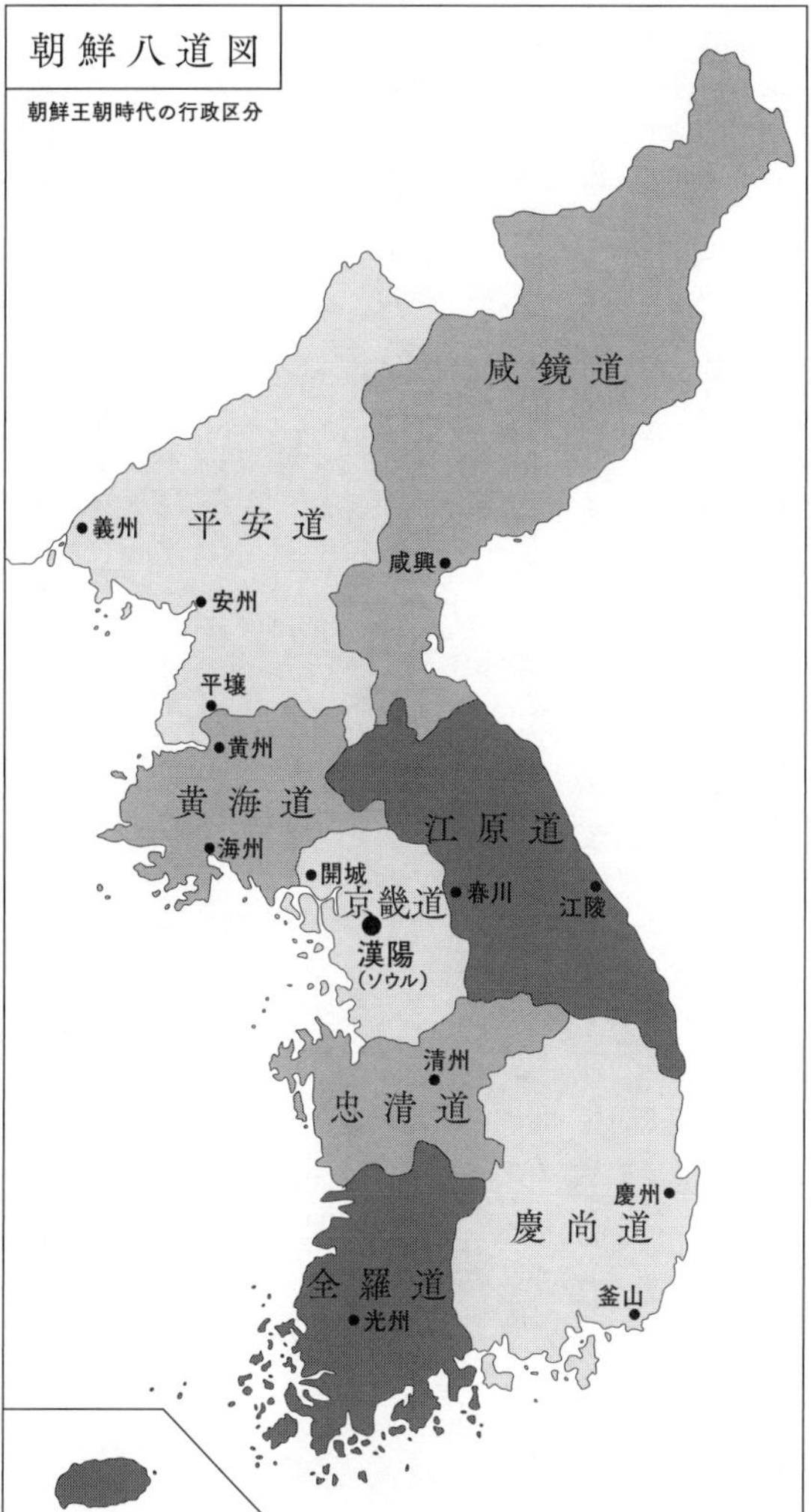
朝鮮八道図
朝鮮王朝時代の行政区分
咸鏡道
平安道
義州
咸興
安州
平壌
黄州
黄海道
海州
江原道
開城
京畿道
春川
江陵
漢陽
（ソウル）
清州
忠清道
慶州
慶尚道
全羅道
釜山
光州

たれることとなった。

光海君に代わって新たな国王に即位したのは、クーデターを主導した16代王・仁祖（インジョ／在位は1623～1649年）であった。しかしながら、彼の外交は失敗に終わり、1637年1月には清に屈服した。これにより、朝鮮王朝は屈辱的な謝罪を強いられ、清から厳しい干渉を受けることになる。こうして朝鮮王朝は、連続する苦難の時代を迎えていた。

18 悲劇の世子餓死事件

粛宗（スクチョン／在位は1674～1720年）は19代王として即位し、商業の活性化を実現し、庶民の生活向上に尽力した。だが、彼は女性問題においてはしばしば波乱を引き起こしている。

粛宗は、側室の張禧嬪（チャン・ヒビン／1659～1701年）への熱烈な愛情のあまり、正室である仁顕（イニョン）王后（1667～1701年）を廃妃にしたり、あるいは、気紛れな心で仁顕王后を復位させたりすることを繰り返していた。最終的には、側室の淑嬪・崔氏（スクピン・チェシ／1670～1718年）の告発を受け、張禧嬪を1701年に死罪に処している。このような状況が続き、粛宗の在位期間中に王宮内は混沌とした状態になった。

彼の後を継いだ国王は、張禧嬪が産んだ20代王の景宗（キョンジョン／在位は1720～1724年）であったが、即位から4年後に急死してしまった。子供がおらず跡継ぎもいなかったため、粛宗と淑嬪・崔氏との間に生まれた息子が21代王・英祖（ヨンジョ／在位は1724～1776年）として即位した。

英祖の最初の妻は貞聖（チョンソン）王后（1692～1757年）であったが、2人の間に子供はいなかった。代わりに、側室が産んだ王子が世子になった。それが荘献（チャンホン／1735～1762年）であった。

彼は頭脳明晰で将来を嘱望されていたが、素行の悪さを指摘され、父である英祖と不仲に陥った。その結果、1762年には英祖によって荘献は懲罰的に米びつに閉じ込められて餓死した。後に思悼世子（サドセジャ）と称された。

その後、1776年に英祖がこの世を去り、孫が即位した。22代王の正祖（チョンジョ／在位は1776～1800年）である。彼が即位した際に宣言した言葉が『朝鮮王朝実録』

に詳細に記されており、ここで正祖は、父・思悼世子を死に至らしめた者たちを容赦しないという意志を鮮明にした。

当時、主流派閥だった老論派の人々は恐れおののいていた。彼らが思悼世子の行状を歪めて英祖に伝えて、世子餓死事件を引き起こした事実があったからだ。

実際、思悼世子を陥れた重臣が何人も死罪になり、思悼世子の妹である和緩（ファワン）王女も厳しい処罰を受けた。しかし、英祖の二番目の正室であった貞純（チョンスン）王后（1745～1805年）は罪を免れた。彼女は、正祖にとって形の上では祖母に当たる存在であるが、処罰を受けることに抵抗して断食を始めたと『朝鮮王朝実録』に記されている。祖母がそこまでしているのだ。正祖も簡単には処罰することができなかった。なにしろ朝鮮王朝の儒教は国教であり、「孝」を重視する社会において孫が祖母を罰することはタブーであった。

正祖は1800年に48歳でこの世を去っているが、その死については、貞純王后によって毒殺されたのではないかという疑惑が長く残った。理由は、正祖の死によって最も利益を得たのが貞純王后であったからである。

実際、貞純王后は正祖の息子で23代王となった純祖（スンジョ／在位は1800～183

4年）の摂政を担い、政治的にやりたい放題だった。正祖が進めていた政策をつぶし、正祖の重用した家臣をことごとく罷免した。こうして正祖の死後は政治が悪化する一方であった。

19 勢道政治の弊害

正祖以降の19世紀前半。朝鮮王朝の歴史を語る上で不可欠なのが「勢道（セド）政治」だ。これは、国王の外戚が政治を取り仕切ることである。もっとわかりやすく言えば、王妃の一族が政治を独占することを指しているのだ。

実際、23代王の純祖の治世下で、政治の主導権は完全に安東・金氏（アンドン・キムシ）の一族が握っていた。その中心を担っていたのが純元（スヌォン）王后（1789～1857年）であった。彼女はとても利発な女性で、物事をテキパキとやり抜く性格だった。

一方、正祖の息子であった純祖は能力的に父親にはるかに及ばないところがあって、政治を仕切るのに不向きであった。それゆえ、妻の純元王后が権力を大いに動かせるようになって、彼女は一族にどんどん利権をもたらした。安東・金氏が一族で要職を独占。賄賂が横行し、政治が腐敗した。

純祖も抵抗していた時期があった。そのとき、安東・金氏を抑えるために、対抗勢力の豊壌・趙氏（プンヤン・チョシ）を取り立てたのだ。それは、その一族の娘が純祖の長男の孝明（ヒョミョン）世子（1809〜1830年）の妻だったからだ。

孝明世子は頭脳明晰で能力が抜群だった。そんな彼の外戚として豊壌・趙氏が安東・金氏を駆逐しそうになったのだが、とんでもないことが起こってしまった。1830年に孝明世子が21歳で急死してしまったのだ。途端に、豊壌・趙氏が没落して再び安東・金氏が復活した。それによって「勢道政治」がさらに続き、その後の憲宗（ホンジョン／在位は1834〜1849年）や哲宗（チョルジョン／在位は1849〜1863年）といった国王も安東・金氏の影響力のもとで統治せざるをえなかった。

結局、「民衆のための政治」ではなく「安東・金氏のための政治」が横行し、朝鮮王朝の国力は弱体化していった。

20 攘夷と開国

高宗（コジョン／在位は1863～1907年）はわずか11歳で即位した。彼がまだ幼さが残る中で、実際の統治権は彼の父である興宣大院君（フンソンデウォングン／1820～1898年）が掌握していた。

興宣大院君は1865年、焼失して273年も放置されていた景福宮（キョンボックン）の再建に着手した。しかし、その資金調達のために重税を課したことが民衆の反感を買ってしまった。

さらに、興宣大院君の政治姿勢は、外国とは一切関わりを持たないという攘夷主義であった。それに対して、聡明さで有名だった明成（ミョンソン）皇后（1851～1895年）は、近代化を進めるべく開国して欧米諸国と関わりを持つべきだという視点を持っていた。

2人の立場は異なっていた。嫁である明成皇后と舅である興宣大院君。儒教社会の中では嫁が舅に従うべきところであった。しかし、すでに夫である高宗を後ろから操る力を持っていた明成皇后は、舅に対しても強気だった。これにより、政治の舞台裏では嫁と舅の熾烈な戦いが続いたが、徐々に明成皇后が実権を握りつつあった。

その最中の1875年に雲揚号事件が起こる。雲揚号は日本海軍の軍艦であり、日本は朝鮮王朝を開国させるために、挑発的な姿勢で江華島（カンファド）に向かわせた。江華島は朝鮮王朝の歴史において重要な拠点であり、この地で雲揚号が朝鮮王朝を威嚇すると、朝鮮王朝側も島にある砲台から砲撃して応戦した。この出来事を機に日本は、さらに朝鮮王朝に対して開国を迫り、1876年には日朝修好条規（江華条約）が締結された。この条約は、朝鮮王朝からすれば不平等なものであった。

日本は幕末に欧米諸国から不平等な条約を押し付けられていたが、今度は軍事力を背景に朝鮮王朝に対して自らに有利な条約を結ぼうとした。それに対抗できなかったことが、朝鮮王朝の統治が揺れ動く一因となり、国力が弱体化していった。

21 朝鮮王朝の終焉

朝鮮王朝はどんどん窮地に陥っていった。1882年に起こったのは「壬午（イモ）軍乱」だ。待遇が悪かった朝鮮王朝の軍隊が社会を混乱させた事件である。

この騒動によって明成皇后の基盤が揺らぎ、ついに興宣大院君が復帰し、騒動を収束させた。しかし、日本と清の両国がそれぞれ軍を派遣したことによって、朝鮮半島に緊張が走った。

もともと、朝鮮半島では清の影響力が非常に強かった。しかし、近代化が遅れていた朝鮮王朝に危機感を抱いていた人々は日本に留学し、明治維新をモデルにして朝鮮半島の近代化を目指した。そうした親日派が1884年に政変を起こして王宮を占拠したが、清の軍隊が介入して3日で争いが収まった。まさに「三日天下」。ただし、日本公使館が焼失して朝鮮王朝は賠償金を払う羽目になった。

混迷する中で、日本と清は1885年に天津条約を結び、朝鮮半島からそれぞれの軍隊を撤退させることに合意した。しかし、相応の思惑があった。両国は再び兵を送る際には互いに通告することを決定したが、実際にはそれぞれ利権をつかもうと牽制しあっていたのである。

1894年には「東学党の乱」(甲午〔カポ〕農民戦争とも呼ばれる)が勃発した。東学党とは、東洋の思想を追求する人たちの一派で、彼らは農民と共に反乱を起こし、朝鮮半島の西南部から勢力を伸ばし始めた。

この混乱に乗じ、日本と清の間で日清戦争が勃発し、結果として日本の勝利に終わり、1895年に日清講和条約（下関条約）が結ばれた。

結局、日本は清を朝鮮半島から完全に排除することになった。その後、日本の勢力によって明成皇后が暗殺されてしまう。この悲劇的な事件によって朝鮮王朝の自尊心は完全に失われてしまった。

それでも、強気な姿勢を崩さず、1897年に国号を「大韓帝国」と改め、初代皇帝の座に高宗が就いた。それ以前、朝鮮王朝の最高権力者は中国に気兼ねして自ら皇帝とはならず、格が一つ下がる形の「王」を称していた。

しかし、清が朝鮮半島での影響力を失ったことで、朝鮮王朝は「帝国」を名乗るようになったのである。

とはいえ、実体のない帝国であった。それを見抜いていたロシアは朝鮮半島への南下を進める政策を強化した。

利害が対立した日本とロシアは、1904年に戦闘状態に入り、日露戦争が始まった。日本は勝利を収め、1905年にはロシアの勢力を朝鮮半島から一掃した。さらに、日本は統監府を設置して外交権を奪取した。

もはや国としての主導権は喪失していた。起死回生として高宗は1907年に「ハーグ密使事件」を起こした。

オランダのハーグで開催されていた万国平和会議に合わせて、高宗が密かに密使を送り、「日本の干渉は不当である」と訴えたのだ。しかし、朝鮮半島はすでに日本によって外交権を奪われており、独自に意見を主張する権利を失っていたため、この密使事件は失敗に終わった。

その後、日本は高宗に圧力をかけて退位を迫った。それをはね返すことができず、高宗は自ら引き下がり、息子の純宗（スンジョン／在位は1907～1910年）が朝鮮王朝の27代王として即位した。

しかし、純宗の治世はわずか3年で終わりを告げる。1910年8月22日に日本と大韓帝国の間で「韓国併合ニ関スル条約」が調印される。

統監府に代わって朝鮮総督府が置かれ、518年にわたって続いた朝鮮王朝は、ついに滅亡したのである。

第3章

英雄たちが躍動した「三国時代の人物」

1 朱蒙

神話と伝説に彩られた「高句麗の始祖」

韓国の人たちは「高句麗（コグリョ）」という国家に特別な自尊心を持っている。民族にとって最大の版図を築き上げたという偉業は、たとえ空想であったとしても、古代の浪漫と密接に結びついているのだ。その高句麗の初代王という存在感は、民族が続くかぎり永遠の輝きに満ちている。

しかし、実のところ、朱蒙（チュモン／紀元前58～紀元前19年）がとてつもない英雄であることはわかっていても、その人物像は謎に包まれている。

なぜなら、彼は神話の中で、「柳花（ユファ）」という女性によって卵から生まれた、とされているからだ。古代において、卵から生まれる英雄の伝説はアジア各地で数多く語られており、彼の偉大なる業績に華を添えるために「卵から誕生」という神話が創られたと言える。

古代の歴史をさぐるときにアテにできる『三国史記』によると、肥沃な卒本（チョルボン）にやってきた彼が、現地の国王と親しくなったという逸話が紹介されている。

「国王には3人の娘がいたが、息子はいなかった。国王は朱蒙の非凡な才能を見抜き、次女を彼に嫁がせた。この結婚を通じて、朱蒙は王位を継承することとなった」

国王となった彼は、領土を拡張する野望を胸に、隣接する沸流国の松讓王（ソンヤンワン）のもとへと赴き、直接交渉の場を持った。

「私は天帝の子である。あなたは私に従うべきだ」

朱蒙は力強く宣言した。しかし、あまりに唯我独尊すぎる発言だ。松讓王が不機嫌になるのも無理はない。

「この土地に国王は私だけでいい。君こそ、私に従うべきではないか」

憤慨した朱蒙は「勝負によって決めよう！」と迫った。

弓の腕前を競う勝負が繰り広げられ、朱蒙の勝利で幕を閉じた。松讓王は降伏し、朱蒙の配下となった。

朱蒙はその後も勢力を拡大し、周辺国を支配下に置いた。こうして彼は、高句麗の初代王として自らの名を歴史に刻みつけた。

紀元前19年、39歳で彼はこの世を去ったが、その後も「古代最強の男」として称えられ続けている。諡《おくりな》は東明（トンミョン）。歴史的には「東明聖王」と称されている。

ただし、朝鮮半島における歴史が明確な事実とされるのは3世紀以降であり、それ以前に活躍した朱蒙に関しては神話と現実が入り交じり、真実は依然として霧の中に隠れていると言えるだろう。

2 近肖古王
百済を強国に導いた勇猛な統治者

百済の13代王・近肖古王（クンチョゴワン／?〜375年）の存在は日本の古代史にとっても重要である。彼が372年に使者を日本に派遣して七支刀《しちしとう》を贈っているからだ。

刀身が7つの枝に分かれている七支刀には、「刀を帯びる者は百の兵を撃退して、王になるほどの霊力を得られる」という文字が刻まれている。

この刀が日本に寄贈された372年というのは、百済にとってどんな時期なのだろうか。

実は、371年に百済は高句麗に対して軍事的な成功を収めていた。そこで、近肖古王は中国大陸の東晋に使者を派遣して、高句麗への勝利を報告して国家としての承認を受けている。

さらに、日本に使者を送って、「高句麗より優位に立っていることを東晋から承認された事実」を伝えた。その際の贈り物が七支刀だったのだ。ちなみに、この刀は奈良県天理市の石上神宮《いそのかみ》の社宝となっている。

中国や日本に対しても百済の存在感を誇示した近肖古王。彼は古代の戦国時代に強烈なカリスマを発揮した統治者であった。

国土を豊かにして兵力を増強する政策を巧みに採用し、兵士たちには厳しい訓練を命じ続けた。その結果として、百済は建国以来の最大領土を誇る強国へと変貌を遂げた。

しかしながら、高句麗は決して百済を安寧のままにしておくことはなく、たびたび侵攻してきた。

その厳しい状況の中で、近肖古王は新羅との堅固な友好関係を築き上げ、強敵の高句麗に果敢に立ち向かっていった。

371年には、高句麗の激しい攻撃を勇猛に撃退し、敵軍を執拗に追い詰めた。百済の軍勢3万人は力強く平壌（ピョンヤン）へと進撃し、この要塞都市を包囲した。高句麗は必死の防戦を繰り広げた。

そのような戦乱の中で、高句麗の内部情報を掌握している者から重要な報告が届いた。

「高句麗の兵は大部分が名ばかりの兵に過ぎません。真に恐れるべきは赤い旗の部隊のみです。この部隊を打ち破れば、他の兵たちは自然と退散するでしょう」

貴重な情報を手にした百済軍は、迅速に赤い旗の部隊をターゲットに攻撃を仕掛けた。矢の雨が降り注ぐ中、戦闘の最前線で高句麗の故国原王（コググォンワン）は命を落とした。国王の死により、高句麗の兵たちは士気を喪失した。

しかし、百済軍の総司令官であり近肖古王の息子である須（ス）は、さらなる追撃を望んでいた。だが、冷静かつ叡智に満ちた莫古解（マクコヘ）将軍が彼を制止し、「これ以上の欲張りは賢明ではない」と諭した。この言葉に須も納得し、百済軍は故郷へと凱旋した。

近肖古王のもとで百済軍は、結束の強さを示した。戦場だけでなく、経済や文化の面でも彼は卓越した才能を発揮し、中国との交流を一層深め、先進文化を巧みに導入した。結果として、百済は漢字や仏教を早い時期から取りいれることに成功し、文化的にも豊かな国へと成長を遂げた。

このように、近肖古王の治世は、戦国の混乱を乗り越えて百済を最大の繁栄へと導いた、彼の力強い統治と卓越した戦術は、後世においても長く語り継がれている。まさに、それは百済の黄金期を築いた栄光に満ちた瞬間であった。

3 広開土大王

歴史上の最大領土を築いた唯一無二の大王

韓国は狭い国だ。それゆえ、自国の歴史で史上最大の領土を確保した広開土大王（クァンゲトデワン／374〜413年）はとても人気がある。彼の本名は「談徳（タムドク）」という。幼い頃から志が高かった。

ある日、彼は能力抜群で野性味あふれる馬を贈られた。談徳は乗馬の技術に長《た》けてはいたが、この特別な馬だけはなかなか手なずけることができなかった。そんな中、気配り上手な側近が他の扱いやすい馬と交換しようと提案した。しかし、これが談徳の心には全く響かなかった。

「1頭の馬に手を焼いていて、どうして大軍を指揮することができようか」

彼は家臣をきつく叱責し、再びその野生馬に立ち向かった。しかし、何度挑戦しても結果は落馬の連続だった。最終的には、談徳を振り落とした馬は遠くへ逃げ出そうとした。

憤怒に燃える談徳は、その馬に向かって弓を引いた。彼の内心は怒りに満ちていたが、最終的には弓矢を放つことはなかった。むしろ、自らの未熟さを深く恥じ入ったのだ。

談徳が城門の前に着いたとき、後ろから馬蹄の音が近づいてくるのが聞こえた。振り返ってみると、逃げていたはずの馬が戻ってきていた。

それでも彼は知らん顔をして城の中へ入ろうとしたが、馬は談徳の前でピタリと立ち止まった。

その馬に談徳が再びまたがると、彼の意のままに動いた。少年時代の談徳にとって、野生馬を手なずける経験は非常に大きな自信となった。

391年、彼は17歳で高句麗の19代王として即位した。談徳の最初の目標は百済の打倒であった。

当時、高句麗と百済は一進一退の攻防を繰り広げていたが、談徳には祖父の16代王・故国原王（コググォンワン）が371年に百済との戦闘で命を落とした仇を討つという使命があった。

彼は百済に対して執拗なまでの攻撃を仕掛け、遂には完全に屈服させた。さらに、野望は中国東北部へと広がり、そこへ大軍を送り込み、領土拡張を図った。そこは、もともと高句麗の領土であった。失われていた土地の奪回に情熱を燃やしたのだ。

談徳は王宮での安寧な生活を捨て、毎日を馬上で過ごし、城を落とすことにかけては天才的な才能を発揮した。

また、外交戦術においても巧みに周辺国との同盟を結ぶことで敵を孤立させた。その成果で、談徳は朝鮮半島の歴史上最大と言える広大な領土を確保した。

彼はただの無骨な国王ではなく、仏教の布教や文化の発展にも力を注いだ。これほどの名君であったが、寿命には恵まれず、４１３年に38歳で世を去った。

息子の長寿王（チャンスワン）は、４１４年に『広開土大王碑』を建てて、後世の人々に父の功績を伝えた。談徳の諡は「広開土大王」であり、「広く土地を開いた国王」という意味が込められていた。

広開土大王は、ただ領土拡大を望むだけではなく、学問や文化に対しても情熱を傾け、その治世を通じて国を強固にし、民を豊かにした。

彼の死後、数多くの国王が彼のようになろうと努めたが、広開土大王のような国王は二度と現れなかった。

4 武寧王

民衆から慕われた百済の名君

強い百済は遠い過去だった。

近肖古王が去ってから、百済は厳しい苦戦を強いられていた。寒冷な地域を領土としている高句麗は、温暖な土地を求めて南下政策をとることが国是になっており、高句麗は475年に大軍を動かして百済に攻め込んだ。壮絶な戦いが繰り広げられて、百済は徐々に劣勢となり、21代王・蓋鹵王（ケロワン）は避難途中、高句麗の軍によって命を奪われるという悲劇に見舞われた。

百済にとっては、まさに危機的な状況であったが、都を南に位置する熊津（ウンジン）へと遷都し、高句麗の攻撃からようやく逃れた。この地は、現在では公州（コンジュ）として知られている。この遷都によって、百済は何とかして劣勢を挽回した。

501年、25代王として武寧王（ムリョンワン／461～523年）が即位した。彼は24代王・東城王（トンソンワン）の血を引く息子であり、『三国史書』において「情の深い寛大な人」と評されており、民衆たちからも非常に慕われていた。

彼の容姿は絵画のように美しかったという。人気は絶大で、武寧王には名君としてのエピソードが豊富に残されている。

たとえば、506年に百済全土が疫病の蔓延と雨不足に見舞われ、民衆は飢餓に苦しむ事態となったが、武寧王は穀物を配布し、飢えた民衆を救済した。510年には、堤防を築き水害を阻止し、避難していた人々を農村へと送り返して耕作に従事させるという施策も実施した。

また、武寧王は高句麗との争いにおいても堅固な防衛力を持ち、負けることはなかった。このように武寧王は523年まで百済の国力を向上させる善政を行い、華麗なる王朝文化も作りだした。

彼の治世における輝かしい業績は、百済の黄金期を彩る栄光の1ページだった。

「これほどの大王のもとで暮らしていた当時の人々は、どんなに恵まれていたことか」

そんなふうに素直に思える。

しかし、歴史は残酷だ。「名君の治世は短く、凡庸な国王の時代は長い」というのが歴史の常であるからだ。それでも讃えるべきものは大いに讃えよう。武寧王の治世は、その後の悠久の歴史の中で語り尽くされることで現代にも「理想郷」の響きを持っている。

5 ピョンガン王女と温達

永遠に語り継がれる歴史エピソード

高句麗の平岡（ピョンガン）王の娘として生まれた王女は、とても泣き虫であった。

「泣いてばかりいたら、良家に嫁ぐこともできない。仕方がないので、馬鹿の温達（オンダル）に嫁がせよ」

温達は心が優しい男だったが、目が不自由な母と共に貧しく暮らしていた。身なりは汚れ、近所の人からはいつも馬鹿にされていた。

王女が16歳のとき、
王は彼女を立派な家柄に
嫁がせたいと思ったが、
王女はとても
反抗的だった。

「いつも『温達の妻になれ』と
言われ続けたから、
その通りにします。
王が言葉を
ひるがえしてはいけません」

王は大いに怒ったが、
王女は王宮を飛び出し、
粗末な家で暮らす
温達を訪ねた。
温達は
ビックリして
しまった。

「とうてい現実と
は思えません。
もしや妖怪が
化けているのかも？」

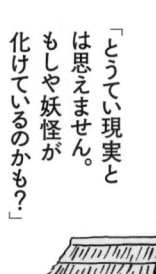

王女は追い返されたが、
温達と母親を熱心に説得した。
結果として、
王女は自分の金の腕輪を売り払って、
彼らの暮らしを豊かにした。

「馬を買ってください。
でも、高価ではなく
貧弱な馬を
選べばいいです」

王女の
献身的な世話で
痩せた馬が
立派になり、
温達はその馬に乗って
王の狩猟に参加して
多くの獲物を
獲得した。

戦争になって
温達が戦功をあげて、
王は彼に高位を授けた。
名声がとどろき、
「馬鹿の温達」という言葉は
完全に消え去った。
すべては王女の
力強い支えがあったからだ。

「あの『馬鹿の温達』が
これほどの
勇者だったとは？
彼こそ、
余の立派な婿である」

590年に
平岡王が亡くなり、
次の嬰陽王（ヨンヤンワン）が即位した。
温達は新しい王に向かって
懇願した。

「新羅（シルラ）に土地を奪われ、
民が困っています。
私が土地を
取り戻してきます！」

激戦が続いて
温達が命を落としてしまった。
彼の遺体をおさめた
棺が用意されたが、
棺を載せた台車は
まったく動かなかった。

**「安らかに
お眠りください」**

王女が慰めの言葉を
棺に向かって語ると、
台車がようやく動き始めた。
国の人々は彼の死を
心から悼んだ。

ピョンガン王女と馬鹿の温達のエピソードは韓国の人なら誰でも知っている。まさに国民的な逸話だと言えるだろう。

これは実話がベースになっていて、『三国史記』に詳しく2人の行跡が載っている。この逸話に出てくる平岡王というのは、史実では高句麗の25代王・平原王（ピョンウォンワン／在位は559〜590年）のことだ。彼の娘がどういうわけか身分が釣り合わない男と結婚した。それが、周囲から馬鹿と言われていた温達だった。彼はいくつかの戦いでめざましい活躍をして、立派な将軍となった。しかし、590年に新羅との戦争で戦死している。

そして、王女の悲しみは現代に至るまで朝鮮半島で語り継がれてきたのである。

6 真興王 花郎を作った新羅の戦略的な国王

新羅（シルラ）の華々しい時代を築いたのが、24代王として即位した真興王（チヌンワン）であった。

彼は534年に生まれた。当時、新羅は高句麗と百済という強大な隣国に圧迫され、厳しい領土争いの渦中に身を置いていた。

真興王は前王の法興王（ポプンワン）の弟の息子であり、母親は法興王の娘であった。彼の幼少期に法興王がこの世を去り、わずか6歳という幼い年齢で王位に就いた。もちろん、政治を執り行うことはできず、母親が只召（チソ）太后として摂政を仕切った。そうした幼少期を経て成人した真興王が自らの手で国を統治し始めると、聡明な頭脳を駆使して、善政を行い、国力を高めていった。彼の戦略的な眼力は本当に鋭かった。

真興王は巧妙な外交戦略をもって領土を拡大し、中国大陸とも友好的な関係を築き上げ、新羅という国の存在を大いに高めた。さらに、彼は仏教の普及にも熱心だった。こうして新羅でも仏教が隆盛を極め、民衆の文化レベルがアップした。

さらに、『三国史記』には真興王が576年に「花郎」という組織を創設したと記されている。当時、有望な青年を選び出して特別な待遇を与えるという風潮があり、これが「花郎」と呼ばれるようになった。この風潮は上流階級の若者たちを「花郎」に引き寄せ、彼らは「王に対して忠誠を尽くす」「親に対して孝行を忘れない」「友人とは信頼をもって交わる」「戦場では決して退却しない」といった教えを叩き込まれた。

また、花郎の青年たちは伝統的な祭典や儀式を通じて社会の価値観を学び取り、軍事訓練や狩猟を通して身体を鍛え上げた。このエリート教育は、新羅の青年たちを心身ともに強靭に育て上げ、軍事的にも強い兵士を輩出する土壌となった。そして、育まれた忠誠心が新羅の領土拡大に大いに寄与したのである。

このように、真興王の政治的業績は計り知れないものがある。彼がいなければ新羅が後に三国を統一することは不可能であったであろう。しかし、人の命には限りがあり、真興王は576年にこの世を去った。享年42歳。彼はその才能を余すところなく発揮し、その情熱と知恵で国を発展させて民衆を導いた。

7 乙支文徳

空前絶後の大勝利を挙げた巨星

ソウルの中心地に「乙支路（ウルチロ）」という名前で親しまれている大通りがある。その道路は華やかなロッテホテルやロッテ百貨店を抱え込む形で存在し、ソウルへと足を運ぶ無数の人々に広く認知されている。この通りの名前は偉大なる英雄の乙支文徳（ウルチムンドク）にあやかったもので、彼の偉業を今に伝えている。

その乙支文徳とは一体どのような人物であったのであろうか。

612年、隋の煬帝という強大無比な皇帝は、中国という帝国を力強く統治していた。

彼は高句麗を滅ぼすという熱き想いを胸に秘め、強力な軍隊に高句麗侵攻の命令を下した。『三国史記』によれば、初めの軍勢は実に１１１万３８００人という恐ろしいほどの数で、その規模は想像を絶するものであったと言い伝えられている。巨大な軍団が日々出発し続け、それでもなお最後の部隊が出発するまでに40日という長きにわたる日数を要したという。眼前に展開される光景は壮絶であっただろう。

隋の2大将軍は宇文述と于仲文。この巨星たちに立ち向かったのが、高句麗の将軍、乙支文徳であった。彼の生涯については、今なお多くの部分が謎に包まれ、生まれた年や死去した年も定かではない。しかし、人物は冷静沈着で、戦術の名手として高く評価されていた。

巨大な隋軍は鴨緑江に到達し、中国と朝鮮半島の境界となる川のほとりに陣を張った。当時の高句麗の首都である平壌は、隋がこの川を越えて進軍することになれば、壊滅するかもしれなかった。

高句麗の26代王・嬰陽王（ヨンヤンワン）は、乙支文徳を隋の軍営へと送り込み、彼に絶大なる権限を与えた。乙支文徳は表向きには降伏を申し出たが、これは単なる策略に過ぎず、敵の内情を探るための秘策を持っていた。

宇文述と于仲文は、「高句麗の王や乙支文徳との面会の際に彼を捕らえるように」という煬帝からの厳命を受けていた。実際、彼らは乙支文徳を捕らえる目論見を持っていたが、側近の1人から「人道に外れる行為です」と忠告され、ようやく思いとどまった。それによって、乙支文徳は解放されることとなった。

乙支文徳が帰還した後に後悔した于仲文は、彼に再び戻るよう要請したが、乙支文徳は隋軍の真意を見抜いており、速やかに鴨緑江を渡ってその場を去った。

この巧妙な策略は非常に効果的で、乙支文徳は隋軍が飢えに苦しんでいることを見抜くことができた。兵力は相手のほうが圧倒的だったが、適切な戦略を持てば隋軍を打ち破る自信を乙支文徳は抱いていた。

隋軍は鴨緑江を渡って大挙して攻めてきたが、乙支文徳は隋の兵士たちを疲弊させる戦術を採用し、短期の戦闘の後に速やかに撤退して敵を引きつける策を繰り返した。隋軍は未知の地で高句麗軍を追い続け、疲弊して飢えに苦しみ、病気が蔓延した。最終的に、乙支文徳の策略により隋軍は撤退を余儀なくされ、高句麗の勝利となった。

この戦争は、高句麗を守るために立ち上がった偉大なる将軍の勇姿を後世に残すこととなった。

8 淵蓋蘇文

残虐ながら巧みな戦術眼で高句麗を守り抜いた

古代史の中で幻を見せられているような存在が淵蓋蘇文（ヨンゲソムン／?〜666年）だ。生年もよくわかっていない。

しかし、高句麗の高貴な家庭で育ったことは間違いない。淵蓋蘇文の祖父と父は、非常に高い地位である莫離支（マンニジ）になっていた。そうした栄光が淵蓋蘇文にも注がれて、彼は若いときからその重要な職に就くことができた。

27代目の王である栄留王（ヨンニュワン）は、唐の領土拡大を警戒し、国境地帯に堅固な城郭を築く決意を固めた。しかしながら、建設作業は難航し、国王の怒りを買う結果となった。その重大な責任を担うこととなった淵蓋蘇文は、現場へと直行して、建設作業を迅速に推進し、城郭の築城を効率的に進めることに成功した。

だが、首都からはるか遠く離れたその地での長期滞在は、彼を政治の中心から隔絶するリスクを伴っていた。

首都では、彼を敵視する勢力が国王を操り、政権を掌握しようとしていた。しかしながら、淵蓋蘇文は緻密に情報を収集し、都の動静を精密に把握していた。彼は巧妙に帰還の計画を練り、反対勢力を一掃するための策を実行に移した。６４２年、実際に淵蓋蘇文は首都に帰還し、反対勢力にかつがれていた栄留王を残忍な方法で殺した。

それから栄留王の甥を新たな国王として擁立した。それが28代王の宝蔵王（ポジャンワン）だ。しかしながら、実際には淵蓋蘇文が全権を握り、彼自身が高句麗の実質的な支配者となっていった。

途端に、残虐で横暴な性格がむき出しになっていった。それでも周囲が彼に従ったのは、唐から侵攻を受けたときに淵蓋蘇文が統率力を発揮して敵を撃退したからだ。

６６０年、新羅と唐の連合軍は百済を滅ぼし、次なる標的として高句麗に狙いを定めた。淵蓋蘇文は、相手の圧倒的な脅威に果敢に立ち向かった。しかし、連日繰り広げられる激戦と緊張の中で、彼の生命力は徐々に消耗していった。そして、６６６年に息絶えた。

こうして淵蓋蘇文の物語は幕を閉じるが、性格の悪さと裏腹に不屈の精神と戦略的な知恵を持った男であった。そんな彼が命を終えると、高句麗の命運も尽きてしまった。

9 善徳女王

霊感がとても強かった救国の女王

朝鮮半島の長き歴史において、女王は3人しか誕生していない。すべて新羅から女王が出ているのだが、その一番目を担ったのが善徳（ソンドク）女王（?～647年）だ。父親である26代王の真平王（チンピョンワン）には男子の跡継ぎがいなかった。それによって、聡明な善徳女王に白羽の矢が立ったのである。

彼女は27代王として王座に就くと、民衆の心を魅了し、絶えず人々の憧れを受ける存在となった。荒波立つ三国時代の中、新羅は高句麗や百済と熾烈な戦争を繰り広げていたが、その渦中で善徳女王は敵を凌駕すべく、中国大陸に君臨する巨大な唐との友好関係を築こうとした。

しかし、唐からは「女性が王であるがゆえに周囲の国から軽視されるのだ。我が王族を送るので王をまかせたらどうだ？　そうすれば協力しよう」という冷徹な提案を突きつけられてしまった。

それでも善徳女王は提案を断固として断り、新羅独自の人材を信じて戦う道を選択した。

善徳女王の陵墓

新羅時代に建造された天文台遺跡の瞻星台（チョムソンデ）

そして、彼女は若き金庾信（キム・ユシン）を大将軍に抜擢した。これが644年のことであり、金庾信は善徳女王の期待に応えて新羅の軍事力を格段に高めた。

そんな善徳女王は霊感に優れ、2つの予言を的中させたと言われている。

1つ目の予言は、百済の兵が攻めてくることをはっきりと断言したものである。夏のある日、彼女は王宮の西にある池にヒキガエルがたくさん集まって騒がしい様子を見て、「敵が攻めてくる」ということを確信して、兵たちに備えを命じた。その命令を受けた新羅の兵たちは出陣し、百済の兵たち500人が重要拠点に潜んでいるのを発見し、奇襲をかけて全滅させた。善徳女王の予言によって、新羅は大きな危機を免れたのである。

2つ目の予言は、自身の死期を告げたものである。647年、善徳女王は自らの死期を見越し、実際にその予言した日にこの世を去った。民衆は女王の死を深く悼み、悲しみに暮れた。

彼女は賢明な言動に終始し、鋭い霊感によって国を救っていった。本当に、特別な才能を持った女王であった。

10 金庾信

これぞ三国統一の立役者！

金庾信（キム・ユシン／595～673年）という英雄の存在について語り出せば、絢爛豪華な血脈を語らなければならない。彼の家系は、金首露（キム・スロ）という伽耶（カヤ）を創設した伝説の先祖にまで遡ることができる。まさに出自は名門中の名門だ。さらに、金庾信の祖父や父は、名高い武将として広く知られていた。そんな環境から育った金庾信は早くから才覚が際立ち、将来を嘱望された。

611年、16歳だった金庾信は、高句麗や百済の軍隊が繰り返し新羅を侵略するという事態に激しく怒りを覚え、1人で深い洞窟にこもり、心の底から神々に願いを捧げた。「おお、天よ、どうか私に力を貸してください」

このように、情熱的で切なる祈りを捧げ続けた。

祈りが4日目に差し掛かると、ぼろぼろの衣をまとった老人が現れ、金庾信に向かって「この洞窟は危険な毒蛇が潜んでいる。少年よ、なぜここにいるのか」と問い掛けてきた。その老人は外見が汚れていたものの、その雰囲気からただ者でないことが感じられた。金庾信はすぐにひざまずき、「ついに高貴な長者にお会いすることができました。私の願いを叶えるには、どのような方法をとればよいのでしょうか」と尋ねた。

初めは老人も無言であったが、金庾信の涙に打たれ、ついに口を開いた。

「三国統一という壮大な目標は高尚である。私は君に特別な秘法を授けよう。だが、この秘法を他人に話してはならない」

老人はそう警告した後に、金庾信に秘法を授けた。言われたとおり、金庾信が深い谷間で香を薫《た》き、剣を天に向けて祈りを捧げると、空はまたたく間に暗くなり、神々の光が剣を照らし出した。

「天が私に力を授けてくれた。必ず三国を統一し、新しい時代を切り開く」

金庾信はそう心に誓った。

以後も彼は三国統一という壮大な夢を叶えるため、努力を重ね続けた。

642年、すでに金庾信は47歳となっていたが、大きな夢はまだ半ばに過ぎなかった。

その年、新羅は百済に攻められ、高句麗との同盟を求める状況となっていた。その重要な役割を果たすために登場したのが、王族である金春秋（キム・チュンチュ）であった。

後に武烈王（ムヨルワン）となる金春秋は、新羅が三国統一を成し遂げる際の土台を作った英雄だ。特に彼は金庾信との協調関係が際立っていた。私生活でも、金春秋は金庾信の妹と結婚している。このように、金春秋と金庾信は公私ともに盟友として深い信頼を寄せあっていた。

その金春秋が協力を要請するために高句麗に向かった。その際に彼は金庾信に対して、

「もし私が高句麗に行き、帰らなかったとしても、あなたは私のために戦ってくれるのか」

と問いかけた。金庾信は即座に答えた。

「私は絶対に百済と高句麗を打ち負かし、新羅の安寧を取り戻す。それができなければ、私たちは民衆に顔向けできない」

金春秋はその言葉に感動し、新羅の誓いの儀式として、互いに指を噛んで血を交わした。

「私が60日以内に帰らなければ、私たちはもう二度と会えないだろう」

金春秋はそう言い残して高句麗に出発した。彼は高句麗に囚われ、約束の60日後も帰らなかった。その報《しら》せを受けた金庾信は、国内の勇士3000人を集め、金春秋を救出する準備を整えた。この動きは国内で非常に支持され、多くの将兵が自ら進んで参加した。

新羅の動向を知った高句麗は、しぶしぶ金春秋を解放した。それは金庾信を極度に恐れた結果であった。

その後、金庾信は金春秋と深く連携して新羅を強国に導いていった。特に、金春秋は654年に武烈王として即位し、金庾信と一緒に660年に宿敵の百済を滅亡させた。その翌年、武烈王は新羅の三国統一の足掛かりをつけてからこの世を去った。後を引き継いだ金庾信は668年には高句麗を倒した。

念願を果たして金庾信は673年に亡くなった。新羅が唐の勢力を朝鮮半島から追い出して完全な形で統一国家になったのは3年後のことであった。

11 張保皐

国際性を身につけた新羅の貿易王

古代の朝鮮半島において国際的な名声を誇った人物が張保皐（チャン・ボゴ／?〜841年あるいは846年）である。彼は貿易王として東アジアで名を馳せ、国王さえも凌ぐ影響力を示した。

その張保皐の生涯に関する記録は前半生が謎に包まれている。とはいえ、この世に生まれたのは8世紀末から9世紀初頭の新羅の地であることは間違いない。

彼は貧しい船頭の子として育ち、弓福（クンボク）という幼名を持っていたという。しかし、限界を感じてから新羅の地を離れ、さらなる成功を求めて唐へと渡った。ただし、張保皐がどのような方法で唐へ渡ったのかという記録は残っていないが、卓越した才能と生き抜くための知恵が彼を支え、成功へと導いたことは疑う余地がない。

唐の国において彼は運命を自らの手で操り、地方で将軍という高位にまで昇りつめた。しかし、その地で彼が目にしたのは、故郷の人々が奴隷として唐に売られていくという悲惨な光景であった。朝鮮半島近海で海賊が横行し、彼らによって無数の人々が連れ去られ、奴隷として売買されていたのだ。

この悲劇を前にして彼は故郷への帰還を決意し、唐での成功を胸に新羅の地へと戻った。そして、興徳王（フンドクワン）に謁見し、新羅の人々を守るために清海鎮を設けて海賊を取り締まるべきだ、と力説した。清海は現在の莞島（ワンド）であり、当時の重要な海路であった。

興徳王は張保皐の提案を受け入れ、1万の兵を託し、強力な支援をもって新羅が海賊問題に真剣であることを内外に示した。

張保皐は兵力を駆使して清海鎮を中心に海賊対策を強化し、新羅の人々が奴隷として売られる悲劇を終わらせることに成功した。

この功績により興徳王からの信頼がさらに厚くなり、海上貿易を活発にすることで日本と唐の間の貿易量を劇的に増加させた。こうして張保皐は「海上の王」という名声を勝ち得たのである。

しかし、836年、興徳王が亡くなり後継者争いが勃発した以後、張保皐は様々な政権争いに巻き込まれて命を奪われた。彼にも野心があった末の憤死であった。

張保皐の築いた国際的な交流は後の高麗王朝にも引き継がれた。彼は過酷な運命に翻弄されながらも、才覚と勇気で新しい貿易の時代を切り開いた偉大な先達であった。

第4章

逆風を耐え抜いた「高麗王朝の人物」

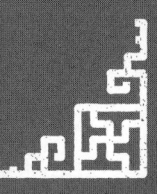

1 王建

政略結婚を繰り返して統一王朝を築いた

「太祖（テジョ）」という王朝創始者として名を残した王建（ワン・ゴン／877～943年）は、朝鮮半島中部の松岳（ソンアク）で生まれた。後にその地は、高麗王朝の都の開京（ケギョン）と呼ばれる運命にあった。現在では開城（ケソン）として人々に知られている。

父の王隆（ワン・ユン）は、地域の豪族としての地位を確固たるものとしていた。彼の息子が誕生する1年前、王隆は新しい家の建築に心血を注いだ。その現場をたまたま通った高僧が王隆に「もっと大きな家を建てたほうがいい」と諭した。

王隆の疑問に対し、高僧は「大きな家は多くの貧しい者たちの支えとなり、その善行が家門に栄光をもたらすであろう。男子が生まれれば、〝建〟と名付けよ。その子は偉業を成し遂げるはずだ」と予言した。

王隆は、高僧の言葉に深く感銘を受け、家をさらに大きく建てることにした。翌年に男児が誕生した。高僧の予言を信じ、〝建〟という名が授けられた。

王建は成長し、学問と武芸の両方において卓越した才能を発揮した。王隆は息子の成長を大いに喜んだが、まさか新しい王朝を樹立するとは夢にも思わなかった。

王建は成人してから、朝鮮半島中部で力を拡大していた弓裔（クンイエ）のもとで戦い、彼が建国した後高句麗（フコグリョ）の勢力拡大に大いに貢献した。913年には、後高句麗の中で弓裔に次ぐ地位を確立していた。

しかしながら、弓裔の統治は次第に専制的となり、彼の行いは民衆の間で不満を生じさせていった。弓裔が家族にさえ手をかけるような残虐な行為に出ると、多くの臣下が王建のもとに集まり、彼に期待の眼差しを送った。

王建は重大な決断を下し、クーデターを実行した。彼が起こしたクーデターは民衆の支持を受け、その末に弓裔の命は断たれた。

918年、王建は新しく高麗を樹立して初代王となった。そして、新羅や後百済（フペクチェ）といった他国より抜きんでた国家を作り上げ、ついに朝鮮半島の統一を実現させた。その過程で王建は29人の妻を迎えた。それは、地方の豪族たちを懐柔するための政略結婚であった。それにしても、29回の結婚とは……。

「そこまでやらなければならないのか」

普通はそう思う。しかし、新しい国家を作ろうとしたのだから、29回でも足りなかったかもしれない。そこまでやらなければならないのだ。
けれど、あまりに多くの結婚でたくさんの子孫を残しすぎた。それが、後の火種を生んでしまったのだが……。

2 光宗

名君から暴君になった極端な国王

光宗（クァンジョン／925～975年）は、風雲急を告げる高麗王朝の4代目の国王として、若々しい24歳で949年に即位した。

当初、彼の王権はまさに不安定な光と影の如く、揺らぎを見せていた。特に、地方の豪族たちの持つ力は圧倒的であった。確かに、王朝の基礎を築いた功績者たちではあったが、政治への介入という名の野望を剝き出しにする者が後を絶たなかった。国王といえども、薄氷を踏むかのような危うい日々が慄然として続いていた。

光宗は「なんとか地方豪族の力を抑えられないものか」と、深い憂慮の中で策を講じ、その結晶が956年に実施された「奴婢按検法」であった。この法は、社会の底辺にいた奴婢の解放を目指すという、驚異的な大胆さを持つものだった。対象となる多く奴婢たちは、本来は平民であったのに、内乱や生活の困窮により、やむを得ずその身分に甘んじていた。豪族たちはこれらの奴婢を兵士へと鍛え上げ、自らの力を蓄えていた。その身分制度の枠を壊すような挑戦が光宗によって成されたのだ。

解放された奴婢たちの歓喜とは対照的に、自らの力を削《そ》がれた豪族たちの不満は天を衝《つ》いた。だが、「豪族たちが結束して反乱を起こせば、王朝は最大の危機に陥ります」という重臣たちの懸念にもかかわらず、光宗は自身の信念を貫き、「奴婢按検法」を強行した。

自信満々の彼は、力を失った豪族たちが反乱を起こすことはないと見ていた。結果として、光宗の狙いは的中して豪族の力を抑えることに成功し、彼の治世の下で王権の強化という夢が現実のものとなった。

光宗はさらなる野心的な一手を打ち出した。それは、全国的な官僚登用試験「科挙」の導入である。それ以前、高麗王朝は中国大陸から優秀な人材を招聘して帰化人として積極的に政治に登用することで効果を挙げていた。さらに、今度は自前で優秀な人材を選抜することを目的として、958年に科挙の実施に踏み切った。これにより、高麗王朝には優秀な官僚が次々に生まれるようになった。

しかし、政治の光彩は時として影を生む。帰化人や新進官僚への優遇策が既存の臣下たちの不満を加速させたのだ。こうして、王朝創設期の功労者たちを軽視した光宗の行為が禍根を残した。

王朝への反逆者が続出した。すると、光宗は絶対権力を握り続けるために、疑惑を持つ臣下たちを捕らえ厳しく処罰した。「いくら監獄を新たに作っても足りないくらいだ」と言われるくらい、監獄が政治犯であふれ返った。その結果、光宗の治世はうって変わって、血塗られた暗い影を落とすようになった。

「名君が突如として暴君になった」

それが後半生の光宗だった。

果たして、どちらが正真正銘の光宗なのか。国王の身分に満足しすぎて周りが見えなくなって堕落していった、というのが光宗の悲劇であったに違いない。彼は政治的に長生きしすぎたかもしれない。

3 千秋太后

悪名と称賛の狭間で強烈に生きた女傑

千秋太后（チョンチュテフ／964～1029年）は、初代王・王建の孫という名誉ある血筋の中で生まれた。豊かなる期待の中で彼女は育ったが、内部に渦巻く王家の不協和音は王建の死と共に後継者争いへと繋がり、その紛争は熾烈なものとなっていた。

光宗の没後、景宗（キョンジョン）が王位を継いで5代王となり、その横に千秋太后が妃として輝いた。ともに王建の血を同じくし、その結びつきは血族として強力だった。

景宗のもと「田柴科」という名高い公平な土地制度が実施された。その成功によって景宗の名声は天に昇るほどだった。だが、官僚の策略に溺れ、放蕩に身を任せた景宗に、千秋太后がどのような感慨を抱いたかは容易に想像できる。まさに、堕落した光宗の二の舞であった。

景宗の死と共に千秋太后の兄が6代王・成宗（ソンジョン）として即位し、民の生活を第一に考える治世を展開した。しかし、997年に彼もこの世を去り、いよいよ千秋太后の息子が王位に就いた。それが17歳だった7代王・穆宗（モクチョン）である。その摂政として33歳の千秋太后が絶大な権力を得た。

彼女が力を尽くしたのは北方の防衛である。南下する契丹の脅威を前に、堅固な防衛線を構築することが急務だった。そのために千秋太后は「鉄の女」になりきって契丹の野望を食い止めた。「国を救った」という意味での彼女の功績は大きかった。

しかし、千秋太后の名を歴史に刻んだのは、政治手腕だけではなく、愛人だった金致陽（キム・チヤン）との不埒《ふらち》な関係による。彼との子を王位につけんとする彼女の野心は、王朝にとてつもない混乱をもたらした。

1009年、穆宗が伝統行事を見守っているときに、クーデターによる火災が宮廷を襲った。千秋太后の過信と油断が没落の端緒になったのだ。騒動の中で金致陽と息子が殺害され、さらに、穆宗も命を落とした。しかし、千秋太后だけが生き延びた。それは幸いだったのか。待っていたのは「不遇の20年間」であった。

1029年に千秋太后は絶命した。確かに彼女は後世で悪女として語られることも多いが、強固な高麗王朝を築いた女傑であったことはまぎれもない事実であった。

4 金富軾

『三国史記』を書いた「歴史の巨星」

12世紀の中盤まで、朝鮮半島では古代から続く連綿とした歴史を詳細にまとめた単体の書物がなかった。しかし、歴史に精通した1人の男が大業を成し遂げた。それが『三国史記』を書いた金富軾（キム・ブシク／1075～1151年）である。

彼は1075年に貴族の家で生まれた。若くして頭脳明晰を誇り、やがて科挙に合格して大出世を果たしていった。性格的にはまっすぐに物事を見つめる男であった。特に、利益を得るために誰かにこびへつらうということが一番苦手なタイプだった。それは次の逸話からもよくわかる。

1122年当時、高麗王朝は仁宗（インジョン）の統治下にあったが、国王の岳父であった李資謙（イ・ジャギョム）が権力を掌握して傲慢な態度を見せていた。それゆえ多くの臣下たちが李資謙を恐れて何も言えない有様だった。すると李資謙はさらに増長し、国王に対しても不遜な態度を取り続けた。それに激怒したのが金富軾であった。

「臣下は国王に対して礼節を守らなければならない。国王を無視した態度は恥ずべきことだ」

このように金富軾は正論を述べ、李資謙に対して敢然と立ち向かっていった。こういう対応を見ていても金富軾の性格がよくわかる。

彼は1135年に、僧であった妙清（ミョチョン）が起こした反乱事件を終結させ、大変な尊敬を集めるようになった。その上で、仁宗は金富軾に対して、後世にしっかり残るような壮大な歴史書を作ってほしいと命令した。それは金富軾も望むところであった。彼も信頼できる歴史書の必要性を痛感していたからだ。

そこで金富軾は頼りになる学者をたくさん集めて徹底的に資料を収集・整理して、1145年についに『三国史記』50巻を作り上げた。この本は、新羅、高句麗、百済の各歴史を国王の業績に沿って編年体でまとめたものだ。さらには、古代に起こった重要な出来事をしっかり紹介している。この歴史書がなければ、後世の人たちは古代の歴史を正確に把握することはできなかったであろう。

私も恩恵を享受している。『三国史記』を読んでいると、1千年以上も前の人々がどんな歴史を作っていたかが手に取るようにわかる。本当に最高級の国宝に当たる歴史書だと思っている。

もし、12世紀に金富軾がいなかったら……。

朝鮮半島の古代史はずいぶんと味気ないものになっていたかもしれない。

5 裵仲孫

「抵抗精神」の象徴であった三別抄を率いた猛将

高麗王朝は、数々の豪族たちの波乱に満ちた苦悩の歴史から始まった。武臣たちの勢力拡大を抑えるべく、科挙によって選ばれた文臣たちが重宝される風潮が生まれていた。しかし、やがて彼らは貴族へと変貌し、高麗王朝は門閥貴族社会へと極端に傾斜してしまった。

武臣たちの地位は文臣たちに比べて低かったので、彼らの心には鬱積した不満が募り続けた。卑下された者たちの反抗心は強烈だ。その中で、力強い武臣が政変を起こして文臣勢力を払拭し、政権の中心を掌握した。

だが、武臣同士の権力争いが白熱するにつれて、強力な武臣たちは私兵を増強して独裁的な権力を握ろうと企てた。

そうした激しい闘争の頂点に立ったのが崔忠献（チェ・チュンホン）であり、彼の一族によって強大になった私兵団が三別抄（サムビョルチョ）だ。彼らの運命を大きく変えたのが、1231年に突如として高麗王朝を襲撃した蒙古の大軍であり、高麗王朝の都である開京を強襲した。私兵でありながらも、三別抄は政府軍と共に蒙古の侵攻に果敢に立ち向かった。

戦況は一時膠着し、蒙古との間で和議が結ばれたが、平和は長くは続かず、蒙古の侵攻は再び激化した。

蒙古が海戦に慣れていないことを逆手に取り、高麗王朝は1232年、開京から江華島（カンファド）へと都を移転した。その後40年ちかく、高麗王朝の心臓部は江華島に留まり、勇敢なる三別抄はこの島を根拠地にして戦いを繰り広げた。このように蒙古に抵抗しているときに作られたのが大蔵経の木版だ。国を思う人々の願いが込められた壮大な遺産であり、現在も海印寺で保管されている。

しかし、やがて高麗王朝は蒙古の圧倒的な圧力に耐えられなくなり、再度の和議を結んで1270年には開京へと遷都した。これは蒙古への服従の象徴であった。翌年、蒙古は中国で元という国を建て、朝鮮半島への支配をより強固にしていった。

三別抄は開京の政権と決別し、反蒙古の象徴として立ち上がった。このときの三別抄の指導者が裵仲孫（ペ・ジュンソン／?～1271年）であった。生まれた年や経歴がよくわかっていない。しかし、数で劣る三別抄を統率する中で、裵仲孫は恐ろしいほどの存在感を発揮するようになった。何よりも彼は、逆風の中でも精神的な屈服を許さなかったし、戦略的な洞察力に満ちていた。そして、敵に対峙するための局地戦に活路を求めて、全羅道（チョルラド）の南西端にある珍島（チンド）へと三別抄を南下させた。そこを要塞として高らかに全土への決起を呼びかけたのである。

海印寺の壮麗な建物群

この門を入っていくと世界遺産の八万大蔵経が保管されている

裵仲孫は珍島の中に王宮に該当する諸施設を造った。まさに「珍島王国」と呼べるほどの拠点ができていた。賛同する人たちが朝鮮半島南部から続々と集結してきて、確かに裵仲孫は「王国の主」とも呼べるカリスマ性を備えていた。

蒙古の傀儡と化した高麗王朝は腰砕けの状態でありながら、体面上は三別抄の撃滅を図る軍を送り込んだが、戦意に乏しい「烏合の衆」だったので三別抄の前に一蹴された。しかし、蒙古側が強力な援軍を増やし続けたことで、孤軍奮闘の三別抄が徐々に追い詰められていった。絶え間ない激戦の末に裵仲孫は1271年に戦死した。

残った三別抄はさらに南へと進み、済州島（チェジュド）に拠点を移した。こうして戦いは、長期にわたる消耗戦となったが、1273年についに武将70名あまりが捕縛されてしまった。それでも彼らは最期においても蒙古の前に屈することを拒み、義に殉じながら壮烈に憤死した。

それこそが、悲壮かつ勇ましい「抵抗精神」の象徴であった。

6 奇皇后

美貌と権力によって彩られた怪物のような皇后

強い者に従うというのは本当に辛いことなのだ。それを痛感していたのが元（蒙古）に蹂躙《じゅうりん》された高麗王朝であったことだろう。

なにしろ、元の要求は苛烈だった。その中でも象徴的だったのが、若く麗しい女性たちを貢女（コンニョ）として献上する慣例を求められたことである。屈辱的だが、逆らえない高麗王朝は全土で貢女を募集した。まともな家が娘を中国に送るわけがない。仕方なく高麗王朝は、罪人や奴婢の女性たちを無理に集めた。そんな状況の中で、突如として特異な形で名を残したのが奇皇后（キファンフ）であった。

彼女は下級官僚である奇子敖（キ・ジャオ）の娘として誕生し、非凡なる美しさを持っていた。

1333年、その絶世の美貌は元に献上される運命となったが、元にいた高麗出身の狡猾な宦官が彼女の美を政治的利益に変えようと画策した。それが高龍普（コ・ヨンボ）であった。彼は奇皇后を皇族の側近に配置することで、自己の地位向上を狙ったのである。

その結果、11代皇帝トゴン・テムルが奇皇后の魅力に心を奪われ、彼女を側室に迎え入れた。

途端に、正室であるタナシルリが嫉妬と敵意をむきだしにして、奇皇后に対して壮絶ないじめを繰り返した。

タナシルリは権力者エル・テムルの娘でもあった。奇皇后が歯向かえるわけがない。彼女は涙を流しながら耐えた。そこに、いずれ救いがあると信じて……。

やがてエル・テムルの急死の後でタナシルリの立場が弱くなり、その後に彼女は宮殿から追放されて、自ら命を絶った。天国と地獄が入れ替わったのだ。

この機に正室の座が空白となり、皇帝トゴン・テムルは奇皇后を新たな正室に迎えようと試みたが、高官たちの猛反対を受けた。その結果、モンゴルの名門部族出身であるバヤン・フトゥクが新たな正室に選ばれた。

それでも、皇帝トゴン・テムルと奇皇后の絆は深まり、2人の間に皇子アユルシリダラが誕生した。

奇皇后の影響力はますます増し、高龍普との関係も強化されて、彼女は政権の中枢となる権力を握り始める。その野望は、皇子アユルシリダラを皇太子にすることであった。そのためにあらゆる策を弄し、1353年に大願を成就させた。

権力の頂点をめざした奇皇后。高麗王朝では彼女の兄の奇轍（キ・チョル）が独裁政治を行い、民衆を苦しめていた。だが、元の勢力は衰え、奇一族の地位も不安定になり、高麗王朝の恭愍王（コンミンワン）が奇轍を粛清した。その結果、奇皇后の軍事介入は失敗に終わり、彼女の威光は急速に低下していった。

挽回をはかりたかった奇皇后は皇帝トゴン・テムルに対して、皇太子アユルシリダラを皇帝にしてほしいと懇願したが、あえなく拒絶されてしまった。

その後、クーデターの発生によって捕らえられた奇皇后であったが、バヤン・フトゥクの死後についに正室となった。とはいえ、屋台骨が揺らいでいた。明の興隆とともに元が衰退の一途をたどり、北に逃れて「北元」と自称せざるをえなくなった。凋落は目に見えていたのだ。

皇帝トゴン・テムルの死後、皇太子アユルシリダラが即位したとはいえ、混乱の中でとうとう奇皇后の行方がわからなくなった。なんと、彼女の最期は歴史の闇に包まれてしまったのである。

奇皇后の生涯とは何であったのだろうか。

貢女という屈辱から出発した彼女は、美貌と権力によって絶頂期を迎え、激動の歴史の中で一族の光と影を背負い、最後は謎多き終幕を迎えざるをえなかった。

7 李成桂

高麗王朝最後の将軍が新しい時代を開いた

朝鮮半島の国家のことは、世界的に「KOREA」と称される。これは「コリョ」と発音される高麗王朝が由来となっている。つまり、最初に世界が朝鮮半島を認知した契機が高麗王朝に凝縮されているのである。

その高麗王朝を終わらせた人物が李成桂（イ・ソンゲ／1335～1408年）であった。彼はもともと倭寇の撃退や異民族の侵入阻止に功績を挙げた将軍であった。それと同時に、14世紀後半の混迷を極めた時代に高麗王朝が直面していた政治的腐敗を払拭すべく立ち上がった救世主と見なすこともできる。決して、単なる反逆者と片付けることのできない存在感があった。

それなのに、なぜ、李成桂は高麗王に逆らう羽目に至ったのか。それは、彼自身が見過ごせない暴挙が時の32代王・禑王（ウワン）によって行われようとしていたからだ。

1388年、華々しい興隆を誇示する明の圧倒的な脅威の前で、高麗王朝は複雑な決断を迫られていた。

特に、明に反して衰退していく元に対する同情論があった。その結果、禑王は明への攻撃を決断したのだが、李成桂が強硬に反対した。

その理由は4項目にわたっていた。

「小国が大国に逆らってはいけません」

「夏は農業が忙しいので若者を徴兵しないほうがいいです」

「北方に向かって出陣すると南方の防御がおろそかになります」

「蒸し暑く雨が多い時期は、武器がさびつき、伝染病が蔓延しやすいです」

どれも理にかなった反論だった。

それなのに、禑王は李成桂の忠告に耳を貸さないばかりか、あえて彼を明に反旗をひるがえす大軍の指揮官に任命した。夏の日、李成桂の胸には民の暮らしを重んじる心が灼熱の焦がれるように燃えていた。

「農繁期に若者たちを兵士として駆りだすことになるとは……」

李成桂は民の暮らしを本当に憂慮していたし、明を攻める戦いには大義がないと痛感していた。その気持ちが高じて起こったのが1388年の「威化島回軍」（72ページで解説）であった。

その末に李成桂は絶望の淵から最高実力者へと駆け上がった。当初、李成桂は禑王の後に傀儡《かいらい》の王を立てていたが、滅びゆく王朝を防げないと思い、「それならば……」と新しい王朝の創設者になることを決意した。

1392年、李成桂は高麗34代王・恭譲王（コンヤンワン）を追放し、自ら国王になると宣言した。

その結果、高麗王朝が完全に滅亡した。

第5章

聖君から暴君まで「朝鮮王朝前期の人物」

1 太宗

王朝の確固たる基盤を作った大王

朝鮮王朝の建国当初から勃発した「王子たちの争い」(75ページ参照)を制して、李芳遠(イ・バンウォン／1367～1422年)は1400年に太宗(テジョン)として3代王になった。

彼は自分の即位を阻止していた継母の神徳(シンドク)王后に対する憎悪を隠さなかった。彼女が王妃として最高の待遇で埋葬されていたにもかかわらず、太宗は彼女の尊い身分を抹消し、墓を破壊して無縁仏のように放置した。太祖の後継者に指名されなかったことへの深い怒りが、彼の行動に如実に出ていた。

とはいえ、「憤怒の男」太宗とは別に、統治者としての彼はとてつもない政治家であった。彼は、建国まもない朝鮮王朝の基盤を確固たるものにした。わかりやすく言えば、彼の功績が朝鮮王朝を518年間も継続させる礎となったのである。この間、27人の国王がいたが、創設者の太祖を除けば太宗ほど「これぞ朝鮮王朝の最高権力者」と呼べる人は他にいなかった。

そんな太宗にはたくさんの子供がいた。その数29人。その中で正室の元敬（ウォンギョン）王后が産んだ子供は息子4人に娘4人だった。

太宗は「家督を継ぐのは長男」という儒教の原則を守り、長男の譲寧（ヤンニョン）を世子に決めたのだが、まだ迷いがあった。譲寧より三男の忠寧（チュンニョン）のほうがはるかに優秀だったからだ。

父の悩みを譲寧も察していた。「忠寧が国王になったほうがいい」と考えた譲寧は、驚くような行動に出た。あえて不良を装ったのだ。そのために、彼は王宮の外で放蕩を繰り返していった。

息子の真意がわからない太宗は譲寧を厳しく叱責したが、譲寧は態度を改めなかった。激怒した太宗は譲寧の王位継承権を剝奪した。父親としては苦渋の決断だった。

二男の孝寧（ヒョニョン）の立場も微妙だった。次に王位継承権を持った彼は、譲寧から重大な事実を知らされた。それは、世子を忠寧に変えるためにわざと放蕩を繰り返したということだ。兄の気持ちを知った孝寧は自ら王位継承の権利を辞退した。

結局、2人の兄の思いを受けて忠寧は世子に指名された。すると、太宗はまだ元気なうちに息子に王位をまかせたいと決意し、1418年に自ら譲位を宣言した。こうして太宗は最も優秀な三男に王位を譲って、その4年後に息を引き取った。

2 世宗 ハングルを作った史上最高の聖君

世界の言語を見ても、「誰が作ったのか」を明らかにできる例はほとんどないであろう。言語というのは、先人が必要に迫られていつのまにか作ってくれておいたものなのだ。しかし、韓国で使われる「ハングル」に関しては作った人がわかる。それが、1418年に朝鮮王朝の4代王として即位した世宗（セジョン／1397〜1450年）であり、その功績によって彼は「史上最高の聖君」と讃えられている。

世宗の治世は、卓越した才能と献身的なリーダーシップに満ち、32年にわたる統治の間に多方面で顕著な成果を挙げた。官僚の人事における見事な采配、民衆の生活向上への熱心な取り組み、実学を向上させる技術開発への主導など、彼の優れた政治手腕は多岐にわたっていた。

しかし、これらの成果だけではまだ「史上最高の聖君」とは言えない。世宗を、誰も比べられない存在に昇華させたのは、1443年に彼が完成を宣言した「訓民正音（フンミンジョンウム)」の創製であった。民族独自の文字である「ハングル」のことであり、1446年に公布されて庶民に広く使われるようになった。

それ以前の朝鮮半島では、一般に広く使われる文字は漢字しかなかった。しかし、庶民にとって非常に難しすぎた。しかも、漢字は朝鮮半島の発音を正しく表記するのに適しておらず、覚えるのも一苦労だった。そのため、漢字を使うことができたのは勉学の末に出世した特権階級に限られており、多くの庶民は文字を使うことがほとんどできなかった。

世宗はこの状況を深く憂慮し、自ら優秀な学者たちを集め、人々が発音する口や喉の形状まで詳細に調べて、ついに訓民正音を完成させた。この文字の創製は、言葉にできないほど素晴らしい影響をもたらした。訓民正音によって、庶民も文字を使うことができるようになり、文化が飛躍的に向上したのである。朝鮮王朝の末期には、この文字はさらに優秀な学者たちによって改良され、「ハングル」と呼ばれるようになった。「ハングル」という名前は、「ハン(偉大な)」「グル(文字)」という意味を持つ。

今日、韓国のほとんどの小学校に世宗の銅像があり、彼が民族の間で最も尊敬されていることを証明している。それもすべて訓民正音を創製した成果に起因している。この文字は韓国にとっても計り知れない財産となったのだ。

朝鮮王朝の聖君「世宗」の像がソウル中心部にある

世宗の記録を収めた『朝鮮王朝実録／世宗実録』

もしハングルがなかったら、と考えると、世宗の偉大さが一層明らかになる。何よりも彼は朝鮮半島に住む人たちにとって、崇めたいほどの精神的な支柱だった。

世の中が暗愚な国王たちによって統治されたら、苦しい生活に耐えている庶民も救いを見出せない。

「あれほど立派な国王によって私たちは生かされてきた」

そう思える不可侵な国王が絶対に必要だったのだ。

まさに1人の聖君の存在は、苦難が続いた王朝の一瞬の栄光になっていた。

3 燕山君

王朝を存亡の危機に陥らせた最悪の暴君

聖君の話をしたら、次は真逆な男に触れなければならない。

朝鮮王朝の国王は世襲によって後継者が決められたが、その最大の落ち度はとんでもない人が国王になってしまうということだった。それが10代王の燕山君（ヨンサングン／1476～1506年）である。

9代王・成宗（ソンジョン）の長男として生まれた燕山君は、幼少期から荒々しい気性を持ち、学問に対しても無関心であった。

成宗は不出来な息子に対し、常に厳しく叱責していた。しかし、長男であるという理由だけで世子（セジャ／国王の正式な後継者）に指名した。

1494年に成宗が亡くなると、燕山君は10代王として即位した。彼は最初こそおとなしくしていたが、徐々に本性を現し、放蕩と残酷さに溺れた。特に、気に入らない官僚や儒学者たちを虐殺するという大事件を起こしている。

『朝鮮王朝実録』には、燕山君の少年時代からの非道ぶりが詳細に記されている。幼い頃、燕山君は嫉妬深くねじれた性格を持っており、知恵も乏しかった。成宗は優秀な学者を燕山君の教育係に任命したが、燕山君は学問に通じることができず、父王からも厳しく叱られ、しばしば病を装って父王との面会を避けていた。

そんな怠け者が国王になった途端、世の中はどう変化したのか。彼が暴政を繰り返しても、諫める官僚がいなかった。むしろ、燕山君の周りには甘い汁を吸おうとする奸臣《かんしん》ばかりが集まった。それゆえ、酒池肉林に明け暮れる燕山君の異常な生活はいっこうに改まる気配がなかった。

そんな王宮において、国王の母・尹氏（ユンシ）に関する話題は禁句とされていた。彼女はかつて成宗の顔を激しく引っ掻いた暴挙を起こしていたからだ。その末に廃妃になって死罪に処されていた。しかし、出世をもくろむ狡猾な官僚が国王の前で禁句を暴露した。初めて真相を知った燕山君は常軌を逸し、母の死に関わった者たちを徹底的に処刑した。このような復讐のための虐殺は、彼の暴政をさらに悪化させた。

浪費を重ねた結果として王朝の金庫が空になった。良識ある官僚の中で、燕山君から王位を剝奪しようとする動きが強まった。中心人物は朴元宗（パク・ウォンジョン）だ。彼の姉は燕山君によって犯されて、自殺に追い込まれていた。その怨みを晴らしたいというのが朴元宗の動機になっていた。

復讐……その強烈な感情こそが、歴史を根底から覆した。1506年、朴元宗らによるクーデターが成功し、燕山君は廃位となった。さしもの暴君も頂点から引きずり降ろされたのだ。

燕山君は島流しとなり、わずか2カ月で絶命した。病没なのか毒殺されたのか。死因はよくわかっていない。

振り返ってみると、燕山君の治世は、朝鮮王朝史上最悪の時期として記録されている。彼は悪徳と無能の極みであった。さらに、暴君の性格的欠陥が悪循環を生み、朝鮮王朝は存亡の危機に立たされた。その瀬戸際では、クーデターの成功こそが危機を回避する唯一の方法だった。

燕山君。彼に怨みを持っていた人は無数にいただろうが、朴元宗こそが急先鋒だった。復讐が悪政を終わらせる原動力になった。

4 申師任堂

最高額紙幣の肖像画にふさわしい芸術と教育の担い手

朝鮮王朝時代の女性像を語るときに辛いのは、男尊女卑の弊害によって無数の才能が日の目を見なかったことだ。しかし、皆無ではない。せめて申師任堂（シンサイムダン／1504〜1551年）の存在が、一縷《る》の希望となった。その名声は現代に至るまで響き渡り、韓国で最高額紙幣である5万ウォン札の肖像画にも採用された。

どんな人生を歩んだのだろうか。

申師任堂は幼い頃から絵の才能が驚異的で、7歳のときには著名な画家の山水画を見事に模写し、その技術は周囲の人々から「本物よりも上手」と絶賛された。しかし、彼女は平然と「写すだけではとうてい満足できません」と語った。わずか7歳で独自の画風を模索し、創造力の底知れない輝きを垣間見せた。

大人になってからも、申師任堂の芸術性は絵画だけに留まらず刺繡にも及び、広範な才能を発揮した。当時は男性優位の儒教的価値観が支配的で、女性が芸術家として名を成すのは困難を極めた。それゆえ彼女も、親が決めた結婚を受け入れざるをえなかった。

夫は甲斐性に欠け、申師任堂は子供の教育と家計の維持に没頭した。やがて夫は「絶対に科挙に合格してやる」と決意し、都へと向かったが、挫折してすぐに帰ってきてしまった。彼女は憤慨し、ハサミを喉に当てて死ぬ覚悟を示した。

「あなたが約束を守らないなら私はここで自害します」

決して脅しではなかった。夫がだらしないままならば、本当に死ぬつもりだった。この出来事は、彼女の意志の強さを如実に示している。夫も心を入れ替え、今度こそ科挙に合格するまで安易に故郷に帰ってこなかった。

本当に、子供の育成に熱心だった。申師任堂の薫陶を受けた息子の李珥（イ・イ）は、儒学の大学者となった。今では5千ウォン紙幣の肖像画にも登場する。驚くべきことに、母子が共に韓国の紙幣の肖像画に採用されているのだ（息子のほうが先に採用されていたが……）。これ以上に名誉を受けている母子は他にいないだろう。

江原道・江陵市にある「烏竹軒（オジュコン）」は申師任堂の生家だ

申師任堂の像

申師任堂の生涯は、現代にも多くの教訓を伝える。彼女は儒教的な価値観が支配する社会の中で、女性として芸術を追求し、家庭を守り、子供を育てた。「良妻賢母の鑑《かがみ》」とも称されるが、生きているときは本当に幸せだったのだろうか。

芸術への情熱が「母親としての喜び」に勝ることはなかったのか。申師任堂の物語は、視点を変えれば、「芸術を取るか、母親を取るか」の二者択一を究極的に求められるのだ。申師任堂の芸術作品をたくさん見たかった、という素朴な気持ちも、彼女への称賛の一つかもしれない。

5 李舜臣

海上に現れた空前絶後の戦術家

朝鮮半島の歴史で、「不滅」という冠を唯一使ってもいい存在が李舜臣（イ・スンシン／1545～1598年）である。彼が忽然と世に登場したのは、豊臣秀吉が10数万の大軍を9つの軍団に編制して次々に朝鮮半島に送りこんだ直後であった。

小西行長が率いた第1軍が釜山（プサン）に上陸したのが1592年4月12日であった。長く続いた戦国時代で戦いに慣れていた豊臣軍は強かった。一方の朝鮮王朝は長く太平の世を享受していて、防衛力が整備されていなかった。

小西行長はたちまち釜山城を攻め落とした。さらに勝利を重ねて、怒濤の勢いで都の漢陽（ハニャン）をめざした。第2軍以降も強力で、豊臣軍は釜山に上陸してからほぼ20日後の5月3日に漢陽を陥落させた。

朝鮮王朝の14代王・宣祖（ソンジョ／1552〜1608年）はすでに都から抜け出して北の方向に逃げていた。漢陽を落とした豊臣軍は、続いて朝鮮半島の八道を分割して占領することをめざした。

朝鮮王朝軍は敗退を続けたが、窮地から徐々に反撃の手掛かりをつかみ始めた。各地で義兵が組織されて局地的に豊臣軍に抵抗するようになったのだが、最も大きかったのが天才的な戦術家・李舜臣の登場だった。彼が指揮する水軍がめざましい成果を挙げていった。

豊臣軍の水軍は、最終目的地の北京をめざすためには、朝鮮半島の西海岸の制海権を確保する必要があった。それには前提として南海岸で勝利を収めることが不可欠だった。しかし、南海岸は難しい戦域だ。島がとても多くて海流が複雑だったからである。

それでも、慶尚右水使（朝鮮半島南岸の東側を統括する長官）の元均（ウォン・ギュン）を相手にしているときは確実に勝利を収めることできた。元均は司令官として力不足であり、人望もなかった。彼が指揮した水軍は壊滅状態になった。

一方、全羅左水使（朝鮮半島南岸の西側を統括する長官）の李舜臣は元均とはまるで違った。人格と戦術眼が超一流だった。李舜臣が指揮した水軍は、日本の水軍を相手に圧倒的な勝利を得るようになった。船が堅固であり大砲の威力で勝っていたことが大きかった。さらに、戦乱が始まる前から建造を進めていた亀甲船がようやく完成して出撃できるようになっていた。亀甲船は亀の形のように造られた箱型の砲艦であり、甲板がとても硬く、敵が乗り移れないように鉄の槍を林立させていた。

これほど強力な艦艇を持っているだけでなく、李舜臣は兵員の編制と訓練を入念に行って、兵力を向上させていった。さらに、彼は自分が攻める海域の地形や海流を徹底的に調べ上げて、常に有利に海上戦闘ができる体制を作り上げていた。

こうして連戦連勝となった李舜臣の水軍は、ついに7月に入って閑山島（ハンサンド）の付近で脇坂安治が指揮する水軍と一騎打ちの局面を迎えた。

李舜臣の水軍は島に隠れた入り江に多くの船を隠しておき、おとりの船を見乃梁（キョンネリャン）の狭い海峡に出した後に引き返して、脇坂安治の水軍を洋上におびき出そうとした。慎重に戦術を練っていた脇坂安治だったが、李舜臣が仕掛けた陽動作戦につられてしまった。脇坂安治の水軍が敵のおとりの船を追うと、機を見て李舜臣の合図とともに隠れていた船団が一気に姿を現した。こうして、両軍は全面対決の様相となった。

このとき、潮の流れは激しく動いていた。脇坂安治の水軍はその潮流に完全に翻弄されてしまった。さらに、亀甲船が威力を発揮して、脇坂安治の水軍に甚大な被害を与えた。記録によると、脇坂安治の水軍は59の船を失い、逃げ帰ることができたのは10あまりだったという。反対に、李舜臣の水軍の損害はわずか4艘だけだった。

この閑山島海戦の勝敗は、その後の戦いに大きな影響を及ぼした。朝鮮王朝は朝鮮半島南岸の制海権を完全に掌握した。これによって豊臣軍は海路による兵力の補充と食糧の補給が満足にできなくなり、その後の戦況が苦しくなる原因になってしまった。

閑山島海戦で圧倒的な勝利を収める立役者となった李舜臣は、朝鮮王朝水軍の絶対的な司令官となり、豊臣水軍に対してさらなる勝利を重ねていった。

そんな最中にも、朝鮮王朝の政権内部では高官たちの内紛が勃発していた。李舜臣も「日本と内通している」という嫌疑をかけられて投獄された。陰謀の犠牲となったのだ。

獄中の息子に会いに行った83歳の母親は途上で亡くなった。その訃報を聞いた李舜臣は親不孝を詫びて号泣した。

彼をそのまま監獄に閉じ込めている場合ではなかった。名将が不在となった水軍が敗北を重ねていたからだ。何よりも、李舜臣の後任があまりに無能であった。そうなると、彼を陥れた高官たちでさえ李舜臣待望論を唱えるようになった。その声に押されて水軍の総司令官として復帰した李舜臣が見たものは、わずか12艘の小さな船だけだ。そこまで水軍は壊滅的な状況になっていたのだ。

李舜臣の巻き返しが始まった。彼は水軍を立て直し、作戦に不向きな海流をあえて活用して再び連戦連勝の成果を出した。

ソウル中心部にある李舜臣の像

李舜臣軍団の強さの象徴となった亀甲船

1598年8月、秀吉が世を去り豊臣軍の撤退が始まった。李舜臣は総攻撃を決意し、最前線に立って自軍を指揮した。その戦いで流れ弾が当たり、李舜臣は船上で倒れた。彼は最後の言葉を息子と甥に伝えた。

「たとえ死んでも誰にも知らせるな。兵の士気が下がってはいけない。盾を使って私の姿を隠し、お前たちが代わりに指揮を取れ」

そう言ってから李舜臣は息を引き取った。その瞬間から彼は「不滅の将軍」となった。「李舜臣の前に李舜臣はいない。李舜臣の後に李舜臣はさらにいない」

その言葉が重みを伴って今も語られている。

6 許浚

多くの人の命を救った「不朽の医学書」の著者

歴史のことを調べていると、たくさんの人を殺したという人物にはよく遭遇する。戦争で、虐殺で、悪政で……歴史の中に無惨な死は多く記録されている。

その反対に、多くの人の命を救った、という話は極端に少ない。歴史の中で人は「殺される」より「助けられる」ことのほうが稀なのである。そんな少ない救世主の一番手が、朝鮮半島では許浚（ホ・ジュン／1546〜1615年）かもしれない。

彼が書いた不朽の医学書が『東医宝鑑（トンイポガム）』である。2009年にユネスコの世界記録遺産に登録されている。この本のおかげで、どれほど多くの人の命が助かったことか。生きているときより死んだ後に多くの人を救った許浚。「医は仁術」であることを具体化させた偉人であった。

彼は1546年に名門の家に生まれた。しかし、嫡子ではなく庶子であった。朝鮮王朝で庶子は冷遇されて、重要な官職への道が閉ざされていた。その厳しい運命に屈することなく、彼は「自分の力を生かせる仕事がしたい」との熱い志を抱いた。山中で隠遁生活を送る名医の下で医学を熱心に学び、際立った才能を開花させた。

28歳のとき、彼は医官試験に見事合格し、その卓越した能力が認められた。すると、わずか1年という驚異的な短さで宣祖（ソンジョ）の主治医に抜擢された。

後に豊臣軍との戦乱が起こり、多くの犠牲者が出た。許浚は悲惨な現状を目の当たりにして、優れた医学書の必要性を深く実感した。宣祖も「中国からの医学書は入ってくるが、我々の民族に合った医学書がない」と感じており、許浚に医学書の執筆を命じた。

そこで許浚は民族独自の医学書の執筆に着手するが、1608年に宣祖が亡くなり、彼は国王の主治医としての責任を負わされて流罪に処された。

それは不運だったのか。いや、そうではなかった。むしろ時間ができたことで、医学書の執筆に集中できるようになった。その後、15代王・光海君（クァンヘグン）が彼の偉大さを認め、許浚を宮廷に呼び戻した。

彼はさらに研究と執筆に情熱を注いで全25巻の『東医宝鑑』を完成させた。無事に出版されたのは1613年だ。全国の医療院に次々と配られたこの書は朝鮮半島の医療技術を飛躍的に向上させた。これほどの偉大な業績を残し、許浚は1615年にこの世を去った。

江戸幕府との関係を重視していた朝鮮王朝は全12回にわたって外交使節として朝鮮通信使を日本に派遣しているが、日本側から特に喜ばれたのが『東医宝鑑』だった。許浚の名声は隣国にも鳴り響いていたのだ。

7 光海君

暴君ではなく名君になれる器であった

光海君（クァンヘグン／1575〜1641年）は14代王・宣祖の二男として生まれた。朝鮮王朝では長男が王位を継承するのが原則だったが、長男の臨海君（イメグン）より光海君のほうが力量的に国王にふさわしいと評価され、光海君は若くして世子（セジャ／王の後継者）に指名された。

しかし、宣祖の二番目の正室だった仁穆（インモク）王后が嫡子の永昌大君（ヨンチャンデグン）を産み、後継者争いが激しくなった（臨海君も光海君も宣祖の側室から生まれていた）。宣祖はいずれ永昌大君を国王にしたいという意向を持っていたが、1608年に急死してしまった。そのとき、永昌大君はわずか2歳。まともに言葉もまだ話せない年齢で国王になるのは無理だ。

無難に光海君が15代王となったが、即位後も王位継承問題は安定しなかった。その過程で光海君の側近たちが暗躍し、臨海君を死罪にして永昌大君を殺害した。

結果的に光海君は多くの怨みを買うことになったが、国王としての業績はとても良かった。豊臣軍との戦いで荒廃した国土の復興に尽くし、王宮を再建した。さらに、国防を強化し、異民族との外交でも成果をあげた。内政面では、納税制度を改善して庶民の税負担を軽減させた。

しかし、仁祖（インジョ）が主導したクーデターが1623年に起こって光海君は廃位となった。最終的には都から最も遠い済州島（チェジュド）に流された。

そんな光海君のことが気になって徹底的に調べていたら、ある夜中、夢の中で彼が忽然と現れてくれた。そのときの光海君は、寒そうな海岸の岩場に座って、遠くの海を茫然と見ていた。話しかけにくい雰囲気だったが、聞きたいことが山のようにあったので、うっすらと見える光海君の幻に向かって話しかけた。

「あなたの評価がガラリと変わりました。暴君と呼ばれていたのに、今では名君だったのでは、という声すらあります」

「少しでも悪名を正すことができれば、こんなうれしいことはない」

「クーデターで王宮を追われていますから、そのことが悔やまれてならないでしょう」

「油断しすぎていたのがいけなかった。まさか、出来の悪い綾陽君（ヌンヤングン／後の仁祖）がクーデターを準備しているとは思わなかった」

そう言うと、光海君は小さな溜息をもらした。

「歴史について謎になっている部分をお聞きしますが、あなたは父の宣祖を毒殺した疑いを持たれていますが……」

「いや、父上を毒殺していない。それは、後になって余を批判する人たちが捏造《ねつぞう》した噂だよ」

「その言葉を信じます。それでは、兄の臨海君はどうでしょうか。殺害に関わっていたのでは？」

「兄は余を徹底的に批判して、王位を奪う素振りを見せていた。それを防がなければ、王朝が大混乱に巻き込まれてしまう。あれは、やむをえないことだった」

「すると、あなた自身が臨海君の殺害を命令したわけですね」

「直接指示をしていないが、側近たちが危機感を持って動いてしまった。ただし、我が王朝の歴史を振り返ると、3代王の太宗（テジョン）大王や7代王の世祖（セジョ）大王が、骨肉の争いを起こして王位を勝ち取っている。そういう前例があったことも見逃せないことだ」

「前例に従ったという言い訳を述べるわけですね」

そう指摘すると、光海君の顔が険しくなった。

「国王としての苦悩は君らにはわからん。ときには兄弟でも排除しなければならないときがあるのだ」

「それでは、異母弟の永昌大君を1614年に死に至らしめた件はどうなんですか？」

「余は指示していない。李爾瞻（イ・イチョム）と金介屎（キム・ゲシ）が勝手にやったことである。むろん、あの2人にしても、永昌大君の存在が王位を脅かすと知っていたからこそ、早めに排除することを願ったのだろう。ただ、余は永昌大君をとても可愛がっていた。あの子とは31歳も離れていて弟というより息子みたいなものだったからね。後から、あの2人が刺客を送って永昌大君を殺したことを知ったときは、激怒して李爾瞻と金介屎を死罪にしようとしたくらいだ。でも、あの2人にしても、余のためだと思って汚れ役を引き受けたのだろう。そう考えると死罪にすることはできず、処罰もしなかった。それでも、余が殺したと言われれば、それは仕方がない。国王たる者、最後の責任を取らなければならないのは当然のことだ」

「ただし、永昌大君の母であった仁穆（インモク）王后の身分を剥奪して幽閉したのはやりすぎでした。仁穆王后はあなたの継母でしたからね。儒教的な孝行の精神に反しており、結局はそれが綾陽君に、クーデターを起こす大義名分を与えてしまったのではないでしょうか」

「仁穆王后を幽閉しなければ、彼女はきっと余を怨んで反逆したであろう。孝行に反していたが、やむをえないことだった。王位を守るというのはそういうことだし、余は国王としてこの国を守るために最大限の努力をした。外交にしても減税政策にしても、その成果の表れだ。まだまだ余に政治を任せてくれればもっと成果を出せたのに、あの出来そこないの綾陽君がクーデターを起こしたばかりに、さいはての島にまで流される羽目になってしまった」

「でも、そのおかげであなたはずいぶん長生きしたわけですよね。済州島の水が、よく合ったのではないですか」

「確かに、そうかもしれない。これも、運命というものか……」

そう言った瞬間、光海君が視界から消えてしまった。後の彼の魂はどこをさまよっているのか。願わくは、安寧の日々が訪れることを。

8 仁祖

愚かな外交で屈辱にまみれた国王

1623年、光海君は宮廷から追放され、クーデターを主導した仁祖（インジョ／1595～1649年）が16代目の王となった。だが、仁祖の治世は失政の連続であった。特に、外交政策の失敗が重なり、1636年12月には、清という大国が大軍で朝鮮半島へ侵攻してきた。仁祖は都の郊外にある南漢山城（ナマンサンソン）に籠もり、防備を固めるしかなかった。40日あまりが経過し、仁祖はついに清への全面的な降伏を決断。三田渡（サムチョンド／漢江〔ハンガン〕のほとり）にあった清の本陣で、仁祖は清の皇帝の前に膝を折り額を地面につけて謝罪した。さらに、仁祖の長男の昭顕（ソヒョン）世子は清に人質として連れていかれた。この出来事は朝鮮王朝最大の屈辱とされている。

そんな屈辱を受けた仁祖が現代に甦ってきたら、果たしてどこに現れてくるだろうか。おそらく、ふさわしいのは漢江のほとりの三田渡ではないのか。そう思って何度も漢江の流れに近づいていったら、放心状態で川辺をさまよう仁祖の姿を見つけた。おそるおそる近づいていって、「もしや朝鮮王朝の16代王？」と声をかけると、仁祖は大いに驚いて顔をこわばらせた。

「なぜ、余のことがわかったのか」

「三田渡で国王の格好をしていたら、間違いなく16代王とわかりますよ」

「それもそうだな。ここでは、朝鮮王朝で一番の屈辱を受けたからな」

「光海君を追放してせっかく国王になったのに、なんで異民族に攻められてあんなことになってしまったんですか」

「我が国の北方には後金という強い国があって、それが後に清と国号を変えて中国大陸まで制覇した。しかし、余にはその清が野蛮な国としか思えなかったのだ」

「光海君は巧みな外交を展開して異民族からの侵攻を防いでいました。それなのに、あなたの外交は下手くそだったとしか言いようがありません。やはり、国を守るためには巧みな外交戦術というものが必要だったんですよ。それなのに、あなたはひたすら清を見下して、情勢を完全に誤りましたね」

「それは認めざるをえない。我が国は一度清に攻められて敗北していたので、その時点で二度と侵攻を受けないように立ち回らなければいけなかった。しかし、余はそれができず、再び清に攻められて窮地に陥ってしまったのだ」

仁祖と一緒に1636年12月の清の侵攻を振り返った。

「大軍で攻めてきた清に恐れをなして、あなたは重臣たちと一緒に都の南側にあった南漢山城に立てこもりましたよね。約40日も籠城したあげく、最後は白旗をあげました」

「あのときは、『国が滅んでも徹底的に戦うべきだ』という主戦派と、『謝罪して国を守るべきだ』という講和派が対立して長く籠城する羽目になってしまった。最後は余が決断して降伏することになり、この三田渡で清の皇帝の前でひざまずいて額を地面にこすりつけて謝ったわけだ」

「まったく恥ずかしい姿でした。愚かな外交のツケが回ってきたとしか言いようがありません。そこまで恥をさらしても国王を続けたかったのですか？」

「我が王朝は脈々と先王たちによって守られてきた。余がどんなに辱《はずかし》めを受けたとしても、それでも王朝を存続させていかなければならなかった」

「愚かな外交で屈辱的な謝罪をさせられ、王子たちは人質に取られてしまう。それで懲りたはずなのに、あなたはその後も失敗だらけでしたね」

「余には国王としての才能が欠けていたのかもしれないな」

「それを今は自覚するんですか？」

「だから、自分を恥じて今でもここで反省の日々を過ごしているのだ」

「それを言うなら、あなたはもっとひどいことをしているじゃないですか」

「何のことだ？」

「長男の昭顕世子が、人質から解放されて１６４５年に都に帰ってきましたが、あなたは昭顕世子が清にかぶれたことに激怒して、硯《すずり》まで投げつけたというじゃないですか」

「昭顕世子が清の文明を称賛したことに我慢ならなかった、考えてみたまえ。余は清に屈辱的な謝罪をさせられたのだ。怨みが強く残っていた。かならず復讐してやろうと思っていたのに、大事な世子が清にかぶれてしまったのだから腹も立つだろう」

「そこがあなたの愚かなところです。昭顕世子は、清で西洋の宣教師とも交流を深めて先進の文明を身につけてきました。それを朝鮮王朝に生かして、国自体を大きく変えようと意欲的だったのです。それなのに、あなたは昭顕世子を毒殺したじゃないですか」

「人聞きの悪いことを言わないでくれ。なぜ余が世子を毒殺しなければならない」

「あなたの側室だった趙氏（チョシ）の実家に出入りしている医師は、鍼《はり》の名人でした。その医師が毒針を使って昭顕世子を毒殺したというのは、今や韓国でもみんな知っている事実なのです」

「そこまで知られていたのか。あれは余の指示ではなかった。趙氏が勝手にやったことだ。なにしろ、趙氏は昭顕世子の夫婦を死ぬほど嫌っていたからな。しかし、趙氏が我が息子まで毒殺するとは思っていなかった」

「側室が独断でやったとしても、責任はすべて国王にあると思いますよ。あのとき、昭顕世子が先進の文明を朝鮮王朝でも生かしていたら、国が絶対に変わっていたはずです。それを邪魔したのがあなたであり、趙氏なのです」

「そう言われてしまうのも仕方がない。それも含めて、余はこの三田渡で反省の日々を過ごしている」

「本当に愚かな国王でした。しかし、今ここで反省の日々を過ごしている姿は悲しいとしか言いようがありません。やはり、国王になるべきではなかったのです。光海君を追放しなければ良かった。それがすべての根本なのです」

「そうかもしれない……」

溜息をついた仁祖は再び漢江の流れに向かって頭を下げて必死に拝み始めた。反省の日々は永遠に続くのだろう。

第6章

幸福でない運命に操られた「朝鮮王朝後期の人物」

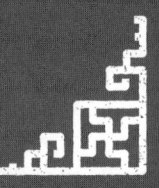

1 粛宗

戦略的に国王の権威を飛躍的に高めた策士

「仕事はできるけれど周囲からの評判が良くない」

賄賂問題で不祥事を起こした大手企業の部長のような先入観を持たれてしまうのが、粛宗（スクチョン／1661～1720年）という国王の宿命かもしれない。

確かに、政治的な業績が多かった。経済を活性化させて民衆の生活の向上を果たしたし、国防にも尽力した。その一方で、女性問題でよくトラブルを起こして王宮内を混乱させた。1689年には仁顕（イニョン）王后を勝手に離縁して、側室だった張禧嬪（チャン・ヒビン）を王妃に昇格させている。しかし、やがて淑嬪・崔氏（スクピン・チェシ）に心を移すようになり、彼女を側室にした。その一方で、張禧嬪に対して冷たい素振りを見せるようになった。

その末に起こったのが1694年3月29日の「側室毒殺未遂事件」であった。端緒は、官僚の金寅（キム・イン）が朝廷に告発状を提出したことだ。告発状には「淑嬪・崔氏の毒殺未遂が起こりましたが、幸いに命は無事でした。この事件の首謀者は張希載（チャン・ヒジェ）です」という緊迫した文言が記されていた。内容の衝撃性により、すぐに調査が開始されることとなった。

張希載は、威光のあった王妃・張禧嬪の実兄であり、その影響力によって彼は大出世を果たしていた。しかし、男性である彼が「どのようにして内命婦（ネミョンブ／王宮に奉職する女官たちの世界）に入り込んで側室の命を狙ったのか」は謎に包まれていた。

「黒幕がいるに違いない」

そういう意見が大勢を占めた。必然的にあぶりだされてきた名前が「張禧嬪」であった。

彼女には動機があった……王宮にいる者なら誰もがそう察するだろう。つまり、粛宗が張禧嬪を捨てて淑嬪・崔氏を寵愛するようになり、その結果、張禧嬪の立場が極端に危うくなったというわけだ。それにより、彼女が兄を使ってライバルの毒殺を企てたのではないか、という推測が成り立つのだ。

しかしながら、明確な確証は得られなかった。それなのに、この機に乗じて恐るべき政治的手腕を発揮したのが粛宗であった。彼はこの事件を利用して、政局の転換を図ったのだ。当時、党派の主導権を握っていたのは、張禧嬪を支持する南人派だった。この派閥は王妃の威光を背景に力が巨大になってきた。その影響力を懸念した粛宗は、むしろ「側室毒殺未遂事件」を問題視し、南人派の勢力を抑制しようとした。結果として、張希載は済州島（チェジュド）への流罪となり、南人派の高官も多くが処罰された。

一気に南人派の勢いは衰え、代わって国王の権威が強化された。さらに、張禧嬪は王妃から側室への降格となり、廃妃にされていた仁顕（イニョン）王后が王妃に復帰してきた。すべての流れが粛宗の思いどおりになった。

彼ほど高官や王妃・側室の人事を巧みに使い、国王の権威を飛躍的に高めた人は他にいなかった。

実際、粛宗は深い洞察力を駆使して、王宮の表と裏を巧みに操った。こうして「側室毒殺未遂事件」は、権力争いと愛憎が複雑に絡み合う中で国王の巧妙な政治戦略が成功した事例となった。

2 張禧嬪

「絶世の美女であった」と歴史書が証明した

もしも「傾国の美女」という言葉を朝鮮王朝にあてはめたら、まさに張禧嬪（1659〜1701年）こそがふさわしいかもしれない。

彼女は21歳だった1680年に女官として王宮に入り、粛宗の寵愛を受けて側室となった。『朝鮮王朝実録』は女性の容姿について基本的には触れないのだが、張禧嬪に関しては何度も絶賛に近い評価をしていた。記録する史官も「思わず書きたくなるほど」の美女であったのだろう。わがまま放題だった粛宗がすぐに気に入って張禧嬪を側室にしたのも無理はない。

彼女は1688年に粛宗の長男を出産した（後の20代王・景宗〔キョンジョン〕である）。1689年に側室から王妃に昇格して「我が世の春」を味わったが、傲慢な生活態度が嫌われて国王の愛を失った。1694年に再び側室に降格。1701年に、亡くなった仁顕（イニョン）王后を呪詛《じゅそ》した罪を問われて死罪となった。

そんな張禧嬪に夢の中で会った。彼女は、昌徳宮（チャンドックン）で入場者に歴史的な背景を解説するガイドになっていた。それならば、華麗な韓服を着ているのも違和感がない。しかも、『朝鮮王朝実録』に書かれていたとおりの美貌を誇っていた。

挨拶代わりに質問してみた。

「あなたを主人公にしてたくさんの時代劇が作られましたけれど、演じた女優の中で一番気に入っている人はいますか？」

張禧嬪はそっけなく答えた。

「まったくいません。私ほどの女優は他にいないでしょう」

張禧嬪の自我の強さは評判どおりだった。

彼女には聞きたいことが山ほどあったが、いつまた亡霊のようにこの世から消えてしまうかもわからない。そこで、単刀直入に一番知りたいことから聞いてみた。

「1701年に仁顕王后を呪詛した罪で死罪となりましたが、本当に呪詛をしたのですか?」

「私が一番言いたいことをよく聞いてくれました。今でも、私が呪詛によって大変な悪女だと思われているようですが、実際は全然違います。私は、絶対に呪詛はしていません。なぜならば、その必要がないからです。仁顕王后は、その時点で病床に臥《ふ》せていました。私が呪詛をしなくても、まもなく亡くなってしまうことがわかりきっていました。しかも、私が産んだ世子は、次の国王になる人なのです。呪詛をして私が処罰されたら世子の立場も危うくなります。それなのに、あえて呪詛をするわけがありませんよ」

張禧嬪の言葉には説得力があった。歴史書を調べても、張禧嬪には呪詛をする必要がなかったことは明白だった。

それなのに、張禧嬪が呪詛をしていたと粛宗に告発したのは、淑嬪・崔氏だった。この名前を口にした途端、張禧嬪の顔が一気に曇った。彼女は憤りを隠せないという口調でこう話した。

「淑嬪・崔氏は、今では『トンイ』という人気時代劇の主人公になって、だいぶ持てはやされているみたいですが、あのドラマと実際の彼女はまるで違います。淑嬪・崔氏が産んだ王子は二男だから、そのままでは国王になれません。つまり、淑嬪・崔氏が自分の息子を絶対に国王にしたいと思ったら、私を陰謀で陥れる必要があったのです。結果的に、彼女が私の呪詛を告発したけれど、それはでっち上げです。彼女は策略で私のことを告発しておいて、自分で呪詛物を埋めました。これが明白な事実であって、私がそれを埋めたわけではありません」

このように明快に語る張禧嬪。彼女の言い分にも一理ある。

淑嬪・崔氏の告発を受けて調べたら確かに呪詛物が出てきたが、それを張禧嬪が埋めたという確証はなかった。むしろ、淑嬪・崔氏が自分で告発をして自分で埋めたという可能性も残っていた。淑嬪・崔氏が自分の産んだ王子を国王にするためには、そこまでやらなければならなかったからだ。

張禧嬪には呪詛をする動機がなかったが、淑嬪・崔氏には張禧嬪を陥れる動機があった。

そういう意味でも、疑わしいのは淑嬪・崔氏のほうではなかったのか。

　さらに聞いてみた。

「あなたは、淑嬪・崔氏にハメられて死罪になってしまったわけですね」

「私は何度も『自分がやったのではない』と弁明しましたが、主上（チュサン／国王のこと）は信じてくれませんでした。そのことが一番悲しかったですね。でも、私には息子を国王にしたいという強い願望があったので、そのことだけを願いながら毒薬を飲んだのです」

　そう語る張禧嬪は、300年以上前のことを振り返りながら悲愴な表情を浮かべた。そんな彼女が今もなぜ、かつての王宮であった昌徳宮で働いているのか。そのことについて、張禧嬪はこう語った。

「私にとって、王宮こそが人生だったのです。女官から側室になり、さらに王妃にのぼりつめたけれど、結局は頂点から転落してしまいました。それでも昌徳宮は私の欲望を叶えてくれた場所であり、人生のすべてでした。300年以上たった今でも王宮から離れられないのです」

　張禧嬪は昌徳宮で働けることに満足そうな表情を浮かべた。その姿は、歴史に残る悪女そのものとは、とうてい思えなかった。

3 思悼世子

監禁された米びつの中で絶命した世子

1762年5月、
東宮で働く羅景彦（ナ・ギョンオン）が
驚くべき告発をしたことで、
王宮の中が大騒動となった。

「世子（セジャ）が
謀反をたくらんでいます」

英祖（ヨンジョ）が激怒している中で
世子が弁明に来た。
彼は父の寝殿の前庭で
平伏した。

「羅景彦に会わせてください。
彼に問いただしてみたいのです」

「そんな必要はない。
代理の者たちがすでに
問いただしている」

世子はひれ伏して
ブルブル震えて
泣いてばかりいた。

数日後、世子は
父に呼び出された。
英祖は刀をふりかざして
怒りまくっていた。
世子は
庭先でひざまずいて
額を地面にこすりつけた。

「自決せよ。
今ここで自決するのだ」

「許して
ください」

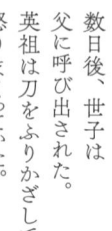

世子は自決しなかった。
ただ震えているだけであった。
英祖がさらに激怒した。

「米びつを
持ってまいれ」

世子は最後に哀願したが、
英祖はそれを聞かずに
息子を米びつに閉じ込めさせた。

「お願いです。
命だけは助けてください」

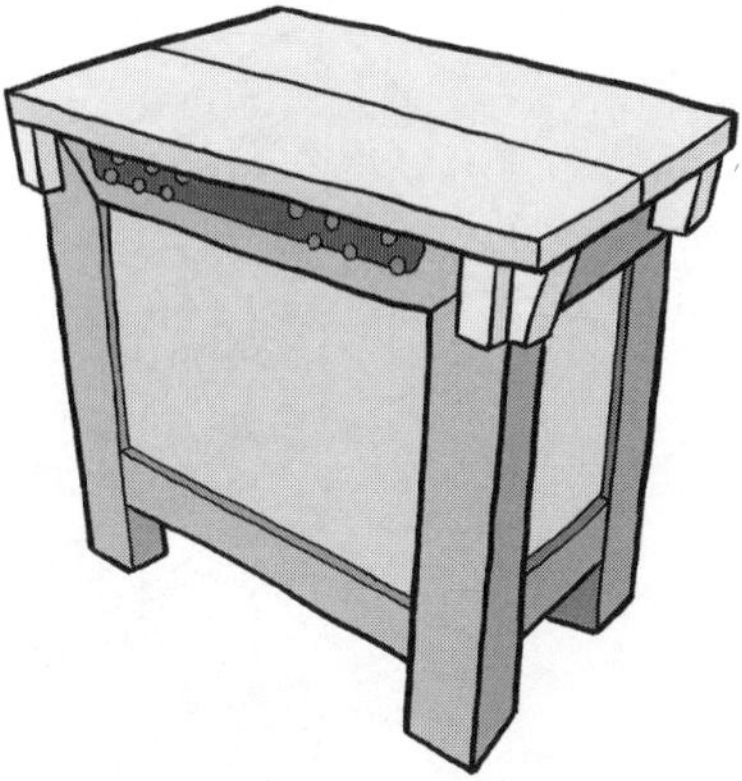

英祖は鬼のような形相で米びつをにらみつけていた。

「絶対に米びつを開けてはならない」

8日目に米びつを開けたら、すでに世子が餓死していた。後に後悔した英祖は息子に「思悼（サド）世子」という尊号を贈った。世子の死を悼む心情が込められていた。

イラストで紹介された事件の背景について解説しよう。

- 21代王の英祖（ヨンジョ）の二男として1735年に荘献（チャンホン）が生まれた。
- 荘献は幼い頃からとても聡明だった。まさに神童とも称された。
- 10歳のときに最大派閥であった老論派を批判してしまった。
- 危機感を持った老論派の重臣たちは荘献の悪評を英祖の耳に入れた。英祖はその度に荘献を叱責した。
- 荘献の素行にも問題があった。酒乱だったり家臣への暴力が多かったり……。さらに、側室を殺してしまったこともあった。
- 英祖と荘献の確執が表面化して事件が起こってしまった。
- 荘献を米びつに閉じ込めた英祖は息子を許さなかった。翌日には荘献と一緒に遊興した者たちをこぞって処刑した。
- 監禁から6日後、英祖は荘献を補佐していた側近のほとんどを罷免した。
- 8日目に米びつを開けたら荘献が息絶えていた。いつ亡くなったのか。それすら確認できなかった。

●後に英祖は息子の死を悼み「思悼（サド）世子」という尊号を与えた。しかし、すべてのことは取り返しがつかなかった。こうして「朝鮮王朝最大の悲劇」は幕を閉じた。

4 英祖

朝鮮王朝で一番長生きした国王

19代王・粛宗の二男として生まれた英祖（ヨンジョ／1694〜1776年）。母親は側室の淑嬪・崔氏である。彼女は当初は王宮の中で水汲みをする下働きの女性だった。それゆえ、英祖は母の身分がとても低かったことを王族仲間から常に指摘されてコンプレックスを持っていた。性格も偏屈。1724年に異母兄の景宗が亡くなり、彼に息子がいなかったことで国王になれたのだが、頑固な性格で家臣もさぞかし苦労させられたことだろう。

それでも、82歳まで生きて朝鮮王朝で一番長生きした国王となった。派閥にとらわれない公平な人事をしたことで有名であり、過酷な刑罰の軽減など人権に配慮した国王でもあった。確かに業績は立派なのだが、英祖の人生の痛恨事は、息子の思悼世子を餓死させる事件を起こしたことだろう。

そんな英祖に夢の中で会った。歴代王の位牌を納める宗廟（チョンミョ）のとなりのタプコル公園で、彼は囲碁の準備をして対戦相手を待っていた。そばに寄って話しかけてみた。

「対戦相手は来ないんですか？」

「もう250年ちかく待っている」

「ずいぶん長い年月ですね」

「250年といっても一瞬だ。昔の出来事を昨日のことのように思い出す……」

「一番思い出すのは1762年のあの事件ですよね」

「本当に辛かった。愛する息子を米びつに閉じ込めなければならなかったから」

「そのことを詳しく聞いてみたいですね。なぜあれほど思悼世子に対して激怒していたのでしょうか？」

そう尋ねると、英祖はどこか遠いところを見るような目で過去を振り返った。

英祖は「息子は本当に天才だった」と言った。「頭脳明晰で才能が素晴らしかったから、余は息子が10歳のときから公式会議に出席させて、政治の経験を積ませようとしたのだったが……」

「それがアダとなってしまいましたね」

「まさか、息子があれだけ老論派を批判するとは思っていなかった。老論派といえば、余を支持していた最大派閥だった。確かに多数派で政治を仕切ろうとしていたが、息子が批判したことによって、彼らは強い警戒心を持つようになった」

「思悼世子が老論派ににらまれたわけですが、あなたがしっかり守ってあげることもできたのではないですか」

「息子にも問題が多かった。成長するにつれて素行の悪さが目立つようになったのだ。何度も叱りつけたのだが、いっこうに改まる気配がなかった」

「あなたの二番目の正室だった貞純（チョンスン）王后や、思悼世子の妻の叔父だった洪麟漢（ホン・イナン）が、意図的に思悼世子の悪評をあなたに吹聴したのでは？」

「そのことは、余も見抜いていた。あの連中はバリバリの老論派だけに、息子の排除を狙っていた。その意図を余も承知していて、その言い分を真に受けたわけではない」

「それなら、なぜ、思悼世子を餓死させるようなことになったのですか？」

「できることなら、余も息子を守りたかった。しかし、朝鮮王朝の先行きを考えた場合、果たして息子が国王になって王朝が存続できるだろうか、という疑念も湧いてきた。歴代の国王によって連綿と続いてきた朝鮮王朝。その安泰を第一に考えなければならなかった。つまり、素行に問題がある息子が国王になるのはふさわしくないのではないか、と強く考え始めたのだ」

英祖に対して、質問の口調が少しきつくなってきた。

「あなたは偏屈な性格で、癇癪《かんしゃく》を起こして思悼世子を強引に米びつに閉じ込めたとも言われていますが……」

「偏屈であることは否定しないが、余は冷静だった。素行が直らない息子を最後は見限らなければならなかったのだ。孫が大変優秀で、息子がたとえいなくなっても、孫がしっかりと王朝を継承してくれると思えた」

「孫は22代王の正祖（チョンジョ）として、名君になりましたからね」

「孫は頭がいいだけではなくて性格も良かった。そういう意味では、安心して王朝を引き継がせることができると思った」

「とはいえ、思悼世子の処遇はあまりに異常でした」

「余が自害を命じたのだが、息子は震えているばかりで従わなかった。すでに世子の身分を取り消して処罰したのだから、そのまま済ますわけにもいかない。苦渋の決断で米びつに閉じ込めたのだ。仮に自害していれば、立派な最期として後世に語り継がれたはずなのに……」

「自己弁護のように聞こえてしまいます。親が息子を米びつに閉じ込めて餓死させたというのは、言語道断の非道な出来事としか言いようがありません」

「なんと言われようと構わない。親として非情だったのは確かだが、王朝の安泰のためにはやむをえなかった。余は第一に王朝の存続を考えた。すべては、その結果だ」

「もうあれから長い期間が経ちましたが、今思うことは？」

「後悔だらけだ。ずっと後悔している。だから、こうして囲碁の準備をして思悼世子が対戦のために現れてくるのを待っているのだ」

「現れますかね」

「わからん。だが、もし現れたら謝罪したい。非道な父を許してくれ、と」

そう言っていた英祖。彼は周囲を見渡して、「現れもしない息子」が来るのをずっと待っていた。

5 正祖 才能と人格に優れた正真正銘の名君

いかに聖君といえども、世宗だけでは足りなかったかもしれない。なにしろ、518年間の長寿王朝だったのである。歴史に残る名君が1人だけではちょっと寂しかった。しかし、幸いに王朝の後期に2人目の名君がいてくれた。これによって、朝鮮王朝の国王の系譜は面目を保つことができた。

その立役者の22代王・正祖（チョンジョ／1752〜1800年）。彼は若いときから夜通し読書にいそしんだ。しかし、ただの本好きではない。夜に本を読まなければならない事情があったのだ。寝ている間に暗殺されることを極度に恐れていたからだ。

父の思悼世子が死んだあと、彼は英祖の次代を担う世孫（セソン／国王の正式な後継者となる孫）になったが、老論派から命を狙われていて常に用心していた。読書は、起きているための手段でもあったのだ。

英祖が1776年に82歳で世を去ったあとに正祖は即位した。すぐに行ったのが、父を死に追いやった老論派の粛清だった。手始めに、老論派の重鎮だった洪麟漢（ホン・イナン）を死罪にした。彼は母・恵慶宮（ヘギョングン）の叔父なのだが、正祖は容赦しなかった。さらに、和緩（ファワン）翁主（オンジュ／国王の側室が産んだ王女）を標的にした。

和緩翁主は思悼世子の妹。しかし、2人は不仲だった。特に、和緩翁主は兄を死に追いやる工作を行った疑いが濃かった。そこで、正祖は和緩翁主を王族から平民に降格させて、彼女の養子だった鄭厚謙（チョン・フギョム）を死罪にした。この養子は和緩翁主の手先となって暗躍していたからだ。

こうして執念深く父の復讐を果たした正祖は、政治的な改革に乗り出した。彼は、党争とは無縁の勢力を育成することをめざした。その際の拠点が奎章閣（キュジャンカク）であった。

本来の奎章閣は各種の図書を保管して重要な書籍の編集をする「王室の図書館」だったのだが、正祖はここにどの派閥の色に染まっていない有能な若手を集めた。最終的には100人以上の官僚や学者が集結した。特に、身分が低いという理由で重用されなかった若手が奎章閣に多く採用された。彼らが成果を出したので、正祖はさらに奎章閣の機能を強化し、国政の様々な改革を進めていった。

まさに、正真正銘の名君であった。下層階級の者でも能力次第で高位にあがれる仕組みを作り、文芸を復興して芸術分野を活性化させた。さらに、生活に役立つ実学を盛んにして庶民の暮らしを向上させた。

手応えを感じた正祖が、即位から13年が経った1789年から始めたのが、父を敬うための大事業だ。まず、都の北側に位置する楊州（ヤンジュ）にあった思悼世子の陵墓を水

京畿道・水原市である正祖の像

正祖が建設した水原の華城

原（スウォン／都から南25キロに位置していた）に移し、ここを大都会にしようと考えた。そこで建設を始めたのが、今も都市城郭として世界遺産に登録されている華城（ファソン）だ。1794年2月から工事が始まり、周囲6キロの城郭が2年6カ月で完成した。あまりの大事業で国家財政が苦しくなったが、それでも正祖は水原の都市整備をさらに進めた。やがて水原に遷都しようという腹積もりがあったからだ。

しかし、正祖は1800年に48歳で急死してしまった。正祖があと数年長生きしていたら、ソウルでなく水原が韓国の首都になっていたかもしれない。

6 貞純王后

政敵をつぶすために数万の庶民を犠牲にした

朝鮮王朝の輝かしい王宮の中で圧倒的な個性を見せていたのが、大妃（テビ／国王の母）という存在であった。中には、王妃のときは控え目だったのに、大妃となると突如として横暴に振る舞う女性たちもいた。彼女たちは年長者を尊ぶ儒教社会において、王族の最長老としての強大な権力を体現できる立場だった。

特に、庶民に最も深刻な死をもたらした最悪の大妃として記憶されるのが貞純（チョンスン）王后（1745〜1805年）だ。極悪非道であった彼女の人生はどのようなものだったのだろうか。

貞純王后は、わずか14歳で英祖の継妃となった。特に、思悼世子が米びつに閉じ込められ餓死した事件で彼女は、思悼世子の素行を意図的に歪めて英祖に報告した。なぜ、そんなことをしたのか。思悼世子と対立した老論派の重鎮がいた家門の出身だったからだ。

思悼世子の息子である正祖が1776年に即位した際、父の死に関与した者たちを厳罰に処したが、貞純王后だけは許された。儒教の教えにより、国王といえども孫が祖母を処罰することができなかったのだ。

そうして身分を保った貞純王后は、正祖が健在な間は静かな隠居生活を送っていた。しかし、正祖が1800年に亡くなると、彼女は前代未聞の権力者へと変貌を遂げた。王位を継いだ純祖（スンジョ）がわずか10歳であり、成年に達していなかったため、貞純王后が大妃として政治を代行することになった。

その際に彼女は、自分と敵対する勢力がカトリック教徒に寛容だという理由で、この宗教に対して徹底的な弾圧を行った。密告を奨励し、カトリック教徒でない人々まで誤って殺害されるという悪政が続いた。この結果、数万の庶民が命を落とし、朝鮮王朝の歴史に暗黒の数年間をもたらした。

こんな恐ろしい虐殺を行った貞純王后は、1805年に60歳でこの世を去った。彼女の死は、まさに史上最悪の大妃としての烙印を永遠に残すこととなった。彼女の人生は、権力がいかに人を変え、そして破滅させうるかを如実に示している。

7 丁若鏞

長き流罪も経験した「思想と実学の大家」

真の天才は、時代の制約をものともしない存在なのかもしれない。いや、むしろ、時代が自分をつぶそうとするときに、天才は本当の真価を見せるものなのだ……丁若鏞(チョン・ヤギョン/1762~1836年)の人生を振り返ると、そんな感慨が沸き起こってくる。

彼は希代の思想家であり、実学者であった。1762年に生まれ、科挙に合格したのは1789年だった。そこから華やかな道を歩んだ。官僚として出世を果たした丁若鏞は、実学の分野でも多大な成果を残した。特に、正祖が水原の城郭建設を推進したとき、彼は巧妙な技術によって起重機を生み出して建設を後押しした。

丁若鏞の運命は、1800年に正祖が亡くなった後に大きく変わった。1801年以降にカトリック教徒を弾圧する時代が到来し、丁若鏞も無実の罪で迫害を受けるようになった。彼は全羅道（チョルラド）へと流罪になり、17年間も流刑生活を強いられた。

しかし、無為には過ごさなかった。逆境の中で、天才は『牧民心書』をはじめとする不朽の名著を世に残したのであった。

その後、彼の名声をさらに高める出来事があった。「将来は絶対に名君になる！」と称された孝明世子（ヒョミョンセジャ）が21歳だった1830年に重病にかかった際、丁若鏞が治療チームに特別に加わることになったのだ。それは、彼の漢方薬に関する深い知識が誰にも負けなかったからであった。

丁若鏞が孝明世子の症状に合う特別な処方箋を作成した。しかし、彼の家が王宮から遠く離れていたために、薬を取り寄せるのに時間がかかった。その間に、孝明世子は亡くなってしまった。「丁若鏞の家が王宮からもっと近ければ……」と多くの人々が嘆いたが、孝明世子の運命は変えられなかった。

丁若鏞は、思想と実学の両面でとてつもない才能を発揮し、1836年にこの世を去った。彼の人生において「17年間の流刑生活」は耐えがたい苦難であったが、その日々があったから不朽の名著が世に誕生した。人間、何が幸いするかは本当にわからないものだ。

8 興宣大院君

権力者に卑屈な姿を見せて逆転を狙った

本名は李昰応（イ・ハウン／1820～1898年）という。彼の人生前半は不遇そのものだった。とはいえ、王族としての立場は鮮明だった。16代王・仁祖（インジョ）の三男の六代孫となる南延君（ナミョングン）の四男であり、父親が国王の直系の養子になったこともあって21代王・英祖（ヨンジョ）の玄孫にも該当していた。

10代のときに両親が亡くなったので、青年期の李昰応は貧しかった。23歳のときに興宣君（フンソングン）に封じられたが、閑職を転々として身分が不安定だった。

当時の政治は、権力者である安東・金氏（アンドン・キムシ）の一族によって支配されていた。権力を持たない李昰応は、彼らに取り入るために物乞いのように卑屈なふるまいを続けた。

「本当に情けない王族だ」

そんな陰口をいつも浴びていた。

裏があった。忍耐の日々には明確な目論見があったのだ。二男の命福（ミョンボク）がとても優秀だったので、李昰応は「息子を国王に就かせたい」と秘かな野望を持っていた。そのためには安東・金氏からにらまれることを避けたかった。つまり、権力者たちを油断させる必要があったのである。それゆえ、権力者に対してあえて自虐的にふるまっていた。

おりしも、息子がいなかった哲宗（チョルジョン）が亡くなった後に後継者問題が紛糾した。その混乱に乗じて、李昰応は影響力のある神貞（シンジョン）王后から推挙を受けて、命福を26代王・高宗（コジョン）として即位させることに成功した。

高宗がわずか11歳だったので、後見人として李昰応が代理で政治を仕切ることとなった。これにより、彼は興宣大院君（フンソンデウォングン）として朝鮮王朝の実質的な頂点に立った。大院君というのは、「国王の父親の中で自分は国王になったことがない人」を指す尊称である。

興宣大院君はその後、税制や法典の改革、273年も放置されていた景福宮（キョンボックン）の再建など、様々な改革を行った。しかしながら、これらの改革が庶民にとっての負担を増やしたために、彼の政治は概して不評だった。

また、攘夷思想に凝り固まっていたことを含めて、興宣大院君には19世紀後半の朝鮮王朝を衰退させた責任があった。

卑屈に権力者に取り入ってまで息子を国王にさせた興宣大院君。彼の野望が実現してしまったために、朝鮮王朝は「大院君」という称号を持った「望まぬ体制の破壊者」を生んでしまったのである。

おわりに

悲劇的な歴史が名誉を取り戻す物語

端宗（タンジョン）の王位を強奪して1455年に即位した7代王・世祖（セジョ）。非道な行いに対して反旗を翻した骨のある官僚もいた。その中心人物となったのが成三問（ソン・サムムン）だ。彼は世宗に才能を称賛された高官であり、世宗が「訓民正音」を創製するときも貢献している。

そんな成三問が同志を募った。そして、朴彭年（パク・ペンニョン）、河緯地（ハ・ウィジ）、李塏（イ・ゲ）、兪応孚（ユ・ウンブ）、柳誠源（ユ・ソンウォン）の5人が加わった。

以上の6人は1456年6月、端宗を国王に復位させるためのクーデターを計画した。決行する日は、中国の明の使節を歓迎する行事が行われる予定だった。

本来なら、その行事のときに世祖を殺害する計画だった。しかし、失敗に終わってしまう。世祖は暗殺未遂事件に震撼し、拷問の場で捕らえた人たちを自ら尋問した。その際に最初はこう呼びかけた。

「お前たちのように有能な人材を失うのは惜しい。助けてほしければ余を国王と認めよ」

世祖は懐柔策を取ろうとした。しかし、端宗に忠誠を誓っていた成三問たちは決して世祖を国王と認めず、激しく罵った。さらに、成三問は世祖の前で堂々と言い放った。

「これは謀反ではない。本来の我が国王が廃位されたので我慢ならなかったのだ」

激怒した世祖が「余が与えた禄（給料）で暮らしていたくせに」と成三問を罵倒したが、彼はきっぱりと否定した。禄にはまったく手をつけていないというわけだ。実際、成三問は貧しい生活をしていたが、世祖から受けた禄を使っていなかった。それが、彼の「けじめ」であった。

成三問は激しい拷問を受けた。それでも意志が強く、焼いた鉄の棒を身体に押しつけられても、「なまぬるい。鉄を焼き直してこい」と強気に叫んだ。恐ろしい精神力だ。さすがの世祖も成三問の迫力に驚いたことだろう。

成三問のまわりには、かつての同僚たちもいた。そういう者に向かって成三問は忠告した。

「諸君は泰平の世を作ってくれ」

こうして成三問は、最後まで見苦しい姿を見せることがなかった。

朴彭年も学識に優れた天才肌の男だ。彼は世祖から「余に尽くすなら助けてやる」と誘われてもきっぱり断り、反対に世祖のことを何度も「ナウリ」と呼んだ。「ダンナさん」という意味で、国王に対して使えば極端な罵倒だった。

成三問たちは極刑を受けてバラバラに惨殺された。その遺体は見せしめのために、刑場に放置されたままだった。彼らだけでなく、父と兄弟と息子も処刑され、身内の女性たちは奴婢にされた。それでも、端宗への忠誠心を貫き通した人たちは、いつしか「死六臣（サユクシン）」と呼ばれ、立派な志を讃えられるようになった。

それから200年以上が過ぎた17世紀後半のことだ。19代王・粛宗（スクチョン）の統治時代だったが、格が落ちた「魯山君」のままだった元国王は正式に尊号が「端宗」になった。また、成三問たちの「死六臣」が完全に名誉を回復された。過去の歴史を改める必要を痛感した人たちが熱心に論議した結果であった。

こうした経緯のすべてを端宗に知ってほしい。彼はいつまでも「見捨てられた国王」ではなかったのだ。むしろ、埋もれた歴史に光を当てる象徴的な存在になっているのである。

そして、もし夢で端宗に会えたら、この言葉をぜひ贈りたい。

「起こってしまった悲劇的な歴史は後世の人たちの熱意と尊敬によって誇らしい運命を取り戻します」

年表　古代から朝鮮王朝までの王朝盛衰の記録

前2333年	神話の世界で檀君（タングン）朝鮮が建国される。
前194年	衛満（ウィマン）朝鮮が成立。
前108年	衛満朝鮮が崩壊した。
前57年	新羅（シルラ）が建国。
前37年	朱蒙（チュモン）が高句麗（コグリョ）を建国。
前18年	百済（ペクチェ）が建国。
346年	百済で13代王の近肖古王（クンチョゴワン）が即位。百済が領土を広げる。
391年	高句麗19代王の広開土大王（クァンゲトデワン）が即位。最大の領土を築く。
475年	百済の21代王・蓋鹵王（ケロワン）が高句麗軍につかまって殺害される。
501年	百済の25代王・武寧王（ムリョンワン）が即位して善政を行う。
540年	新羅を強国に押し上げた24代王・真興王（チヌンワン）が即位。
554年	日本に仏教を伝えた百済の聖王（ソンワン）が新羅の捕虜となり処刑される。

612年　高句麗の名将、乙支文徳（ウルチムンドク）が隋の大軍を撃破。

632年　新羅で27代王の善徳（ソンドク）女王が即位。

660年　新羅・唐の連合軍が百済を攻撃。百済が滅亡する。

663年　白村江で百済復興軍・日本の連合軍が新羅・唐に大敗した。

668年　高句麗で内紛が起きて、新羅・唐の連合軍に滅ぼされる。

676年　新羅が唐の勢力を排除して、朝鮮半島で初の統一王朝となる。

698年　大祚栄（テ・ジョヨン）が渤海（パレ）を建国。

900年　後百済（フペクチェ）が建国。

901年　後高句麗（フコグリョ）が建国。

918年　王建（ワン・ゴン）が高麗（コリョ）を建国。

926年　渤海が滅亡。

935年　新羅が高麗に帰順。56代王の敬順王（キョンスンワン）を最後に新羅が消滅。

936年　後百済が滅亡して高麗王朝が朝鮮半島を統一。

958年　科挙の制度が導入される。

1029年　強い高麗王朝を率いた千秋太后（チョンチュテフ）が世を去る。

1145年	金富軾（キム・ブシク）が朝鮮半島最古の歴史書『三国史記』を完成させる。
1170年	武人たちが文官を追い出して武人政権を樹立。
1196年	崔忠献（チェ・チュンホン）が政権を掌握。
1231年	蒙古の勢力が高麗に侵攻。
1258年	崔氏一族が支配する政権が終わる。
1260年	高麗が蒙古に屈伏して支配下に入る。
1273年	抵抗の証だった三別抄（サムビョルチョ）が全滅。
1274年	元寇が起こる。高麗軍も出兵させられる。
1388年	武将の李成桂（イ・ソンゲ）が政権を掌握する。
1392年	李成桂が高麗王朝を滅ぼして新しい王朝を創設。
1393年	国号が朝鮮（チョソン）となる。
1394年	朝鮮王朝が都を漢陽（ハニャン／現在のソウル）に選定。
1396年	王朝創設時から王妃だった神徳（シンドク）王后が世を去る。
1398年	李成桂の息子たちによる骨肉の争いが激化。李芳遠（イ・バンウォン）が異母弟で世子だった李芳碩（イ・バンソク）を殺害して実権を握る。

1400年	李芳遠が3代王・太宗（テジョン）として即位する。
1408年	隠居していた李成桂が73歳で息を引き取る。
1418年	太宗が王位を三男に譲って4代王・世宗（セジョン）が即位する。
1422年	太宗が死去。名実ともに世宗時代が始まる。
1443年	世宗が民族固有の文字「訓民正音（フンミンジョンウム）」を創製。
1446年	「訓民正音」が正式に公布される。後の「ハングル」である。
1450年	世宗が亡くなり、長男が5代王・文宗（ムンジョン）として即位した。
1452年	6代王・端宗（タンジョン）が即位した。
1453年	首陽大君（スヤンデグン）が「癸酉靖難（ケユジョンナン）」を起こす。
1455年	首陽大君が端宗を退位させて7代王・世祖（セジョ）となる。
1456年	端宗の復位を狙ったクーデターが計画されて失敗。処刑された人たちは「死六臣（サユクシン）」として後に称賛される。
1457年	世祖が端宗を流罪にした上で死罪を命じる。
1468年	世祖が世を去る。
1479年	成宗（ソンジョン）の正妻の尹氏（ユンシ）が国王の顔を引っ掻いて廃妃になる。

1482年	廃妃となっていた尹氏が死罪となる。
1485年	基本法典の『経国大典』が完成。朝鮮王朝は法治国家としての体制を整えた。
1494年	成宗の後を継いで燕山君（ヨンサングン）が10代王となる。
1498年	燕山君が道義と名分を重んじる士林派の高官たちを粛清。「戊午士禍（ムオサファ）」と呼ばれており、官僚・学者の多くが犠牲になった。
1504年	燕山君の母（尹氏）の死罪に関わった人たちが虐殺される。「甲子士禍（カプチャサファ）」と呼ばれている。
1506年	燕山君が王宮から追放されて11代王・中宗（チュンジョン）が即位する。
1544年	中宗が亡くなり、息子が12代王の仁宗（インジョン）となる。
1545年	仁宗が死去。継母の文定（ムンジョン）王后が毒殺した可能性が高い。
1565年	政治を私物化して朝鮮王朝を混乱させた文定王后が世を去る。
1592年	豊臣軍が釜山（プサン）に上陸して壬辰倭乱（イムジンウェラン／日本でいえば文禄の役）が始まる。
1598年	豊臣秀吉の死をもって戦乱が終結。最後の海戦で李舜臣（イ・スンシン）が戦死。
1608年	15代王・光海君（クァンヘグン）が即位。

1610年	許浚（ホ・ジュン）が不朽の医学書『東医宝鑑』を完成させる。
1614年	光海君の異母弟だった永昌大君（ヨンチャンデグン）が殺害される。
1623年	光海君が王宮を追放されて、仁祖（インジョ）が即位する。
1627年	後金が侵攻して和睦が成立する。「丁卯胡乱（チョンミョホラン）」と呼ばれる。
1636年	後金が国名を清に変えた後、再び朝鮮王朝に侵攻する。「丙子胡乱（ピョンジャホラン）」と称される。
1637年	ついに朝鮮王朝は清に屈伏。仁祖は清の皇帝の前で屈辱的に謝罪する。
1645年	清の人質になっていた昭顕（ソヒョン）世子が帰国した直後に急死。外国にかぶれたという理由で仁祖が毒殺した疑いが濃い。
1649年	仁祖が死去。二男が17代王・孝宗（ヒョジョン）として即位した。
1674年	19代王・粛宗（スクチョン）が即位した。
1689年	粛宗が仁顕（イニョン）王后を廃妃。張禧嬪（チャン・ヒビン）が王妃になる。
1694年	粛宗が仁顕王后を復帰させて張禧嬪を側室に降格させる。
1701年	仁顕王后が病死。呪詛した疑いで張禧嬪が死罪となる。
1720年	粛宗が亡くなり張禧嬪の息子が20代王・景宗（キョンジョン）として即位。

1724年	景宗が世を去り、21代王・英祖（ヨンジョ）が即位する。
1762年	英祖が素行の悪さを理由に息子の思悼世子（サドセジャ）を餓死させる。
1776年	英祖が亡くなり22代王・正祖（チョンジョ）が即位。
1794年	正祖が父の陵墓がある水原（スウォン）で華城（ファソン）の建設工事を始める。
1800年	正祖が亡くなり純祖（スンジョ）が即位。貞純（チョンスン）王后が代理で政治を行い、カトリック教徒を大弾圧する。
1805年	貞純王后が世を去る。代わって純元（スヌォン）王后と実家の安東・金氏（アンドン・キムシ）の一族が仕切る勢道（セド）政治が始まる。
1812年	政治腐敗に反抗して挙兵した洪景来（ホン・ギョンネ）が戦死。
1834年	純祖が亡くなり、24代王・憲宗（ホンジョン）がわずか7歳で国王になる。
1863年	高宗（コジョン）が11歳で即位し、父の興宣大院君（フンソンデウォングン）が代理で政治を仕切り、長く続いた勢道政治が終わる。
1865年	興宣大院君が景福宮（キョンボックン）の再建に乗り出す。
1866年	興宣大院君が鎖国政策に固執してカトリック教徒を弾圧。
1873年	高宗の妻である明成（ミョンソン）王后が政変を起こして興宣大院君が失脚。

1876年	日本と朝鮮王朝の間で修好条規（江華条約）が締結。開国を余儀なくされる。
1882年	軍人たちが反乱を起こして日本公使館などが襲われる。「壬午（イモ）軍乱」と呼ばれている。日本と清が朝鮮半島に兵を出し、両国の対立が深まる。
1884年	親日派が決起して一時的に王宮を支配。清が介入して「三日天下」に終わる。
1894年	東学党の乱（甲午農民戦争）を契機に日清戦争が起こり、日本が勝利した。
1895年	明成王后が日本の勢力によって暗殺される。
1897年	国号を「大韓帝国」と改め、初代皇帝の座に高宗が就く。
1904年	朝鮮半島における権益をめぐって、日本とロシアが開戦。
1905年	日露戦争に勝利した日本は統監府を設置して支配を強める。
1907年	高宗がオランダのハーグで開催された万国平和会議に日本の不当性を訴える密使を送るが失敗。高宗が強制的に退位させられて純宗（スンジョン）が即位。
1910年	8月22日に日本と大韓帝国の間で「韓国併合ニ関スル条約」が調印される。朝鮮総督府が置かれ、朝鮮王朝が滅亡する。

高句麗の重要な国王

※数字は在位期間

①東明聖王《トンミョンソンワン》（朱蒙《チュモン》） 前37～前19
②瑠璃王《ユリワン》 前19～後18
③大武神王《テムシンワン》 18～44
⑯故国原王《コググォンワン》 331～371
⑰小獣林王《ソスリムワン》 371～384
⑱故国壌王《コグギャンワン》 384～391
⑲広開土大王《クァンゲトデワン》 391～413
⑳長寿王《チャンスワン》 413～491
㉕平原王《ピョンウォンワン》 559～590
㉖嬰陽王《ヨンヤンワン》 590～618
㉗栄留王《ヨンニュワン》 618～642
（子）
㉘宝蔵王《ポジャンワン》 642～668

百済の重要な国王

※数字は在位期間

①温祚王《オンジョワン》 前18～後28
②多婁王《タルワン》 28～77
⑬近肖古王《クンチョゴワン》 346～375
㉕武寧王《ムリョンワン》 501～523
㉖聖王《ソンワン》 523～554
㉗威徳王《ウィドクワン》 554～598
㉘恵王《ヘワン》 598～599
㉙法王《ボブワン》 599～600
㉚武王《ムワン》 600～641
㉛義慈王《ウィジャワン》 641～660

新羅の重要な国王

※数字は在位期間

- ①赫居世《ヒョッコセ》 前57〜後4
- ②南解《ナメ》 4〜24
- ㉔真興王《チヌンワン》 540〜576
  - （子）
    - ㉖真平王《チンピョンワン》 579〜632
      - ㉗善徳女王《ソンドクヨワン》 632〜647
    - （子）
      - ㉘真徳女王《チンドクヨワン》 647〜654
  - ㉕真智王《チンジワン》 576〜579
    - （子）
      - ㉙武烈王《ムヨルワン》 654〜661
        - ㉚文武王《ムンムワン》 661〜681
- ㊶真聖女王《チンソンヨワン》 887〜897
- ㊺景哀王《キョンエワン》 924〜927
- ㊻敬順王《キョンスンワン》 927〜935

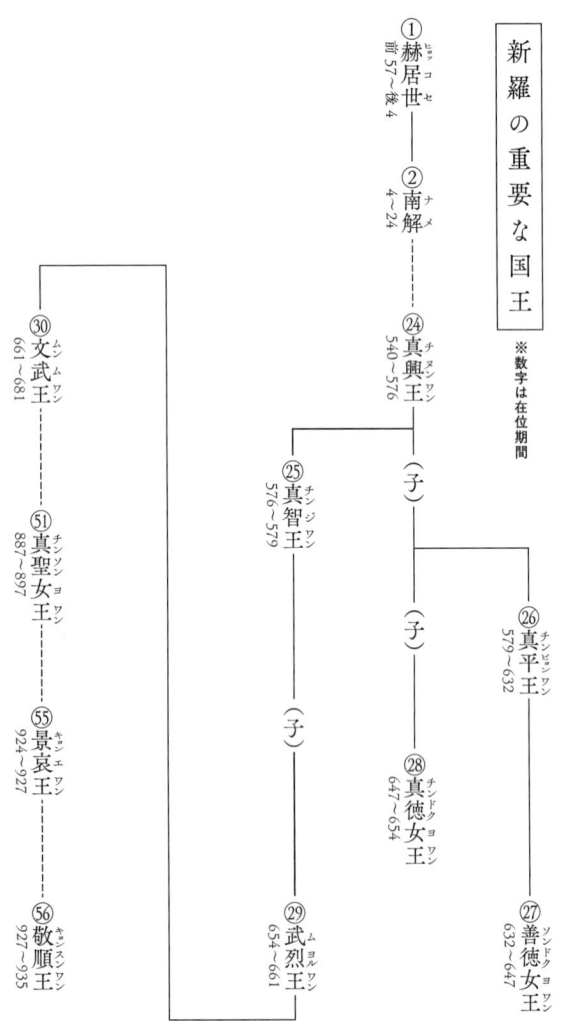

高麗の重要な国王

※数字は在位期間

- ①太祖《テジョ》(王建《ワンゴン》) 918～943
  - ②恵宗《ヘジョン》 943～945
  - ③定宗《チョンジョン》 945～949
  - ④光宗《クァンジョン》 949～975
    - ⑤景宗《キョンジョン》 975～981
      - ⑦穆宗《モクチョン》 997～1009
  - (子)
    - ⑥成宗《ソンジョン》 981～997
  - (子)
    - ⑧顕宗《ヒョンジョン》 1009～1031
      - ⋮ ⑰仁宗《インジョン》 1122～1146
        - ⑱毅宗《ウィジョン》 1146～1170
        - ⑲明宗《ミョンジョン》 1170～1197
          - ⋮ ㉛恭愍王《コンミンワン》 1351～1374
            - ⋮ ㉜禑王《ウワン》 1374～1388
              - ㉝昌王《チャンワン》 1388～1389
                - ⋮ ㉞恭譲王《コンヤンワン》 1389～1392

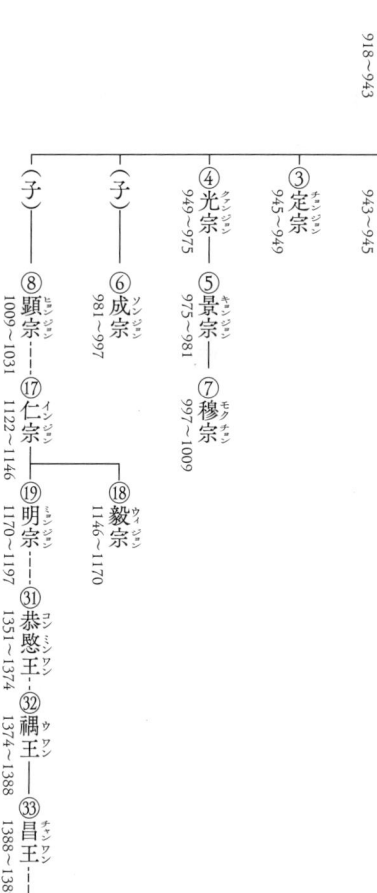

朝鮮王朝の歴代国王

代	国王	生年〜没年	在位の期間	続柄
1	太祖（テジョ）	1335〜1408年	1392〜1398年	
2	定宗（チョンジョン）	1357〜1419年	1398〜1400年	太祖の二男
3	太宗（テジョン）	1367〜1422年	1400〜1418年	太祖の五男
4	世宗（セジョン）	1397〜1450年	1418〜1450年	太宗の三男
5	文宗（ムンジョン）	1414〜1452年	1450〜1452年	世宗の長男
6	端宗（タンジョン）	1441〜1457年	1452〜1455年	文宗の長男
7	世祖（セジョ）	1417〜1468年	1455〜1468年	世宗の二男
8	睿宗（イェジョン）	1450〜1469年	1468〜1469年	世祖の二男
9	成宗（ソンジョン）	1457〜1494年	1469〜1494年	世祖の孫
10	燕山君（ヨンサングン）	1476〜1506年	1494〜1506年	成宗の長男
11	中宗（チュンジョン）	1488〜1544年	1506〜1544年	成宗の二男
12	仁宗（インジョン）	1515〜1545年	1544〜1545年	中宗の長男
13	明宗（ミョンジョン）	1534〜1567年	1545〜1567年	中宗の二男

14	宣祖（ソンジョ）	1552～1608年	1567～1608年	中宗の孫
15	光海君（クァンヘグン）	1575～1641年	1608～1623年	宣祖の二男
16	仁祖（インジョ）	1595～1649年	1623～1649年	宣祖の孫
17	孝宗（ヒョジョン）	1619～1659年	1649～1659年	仁祖の二男
18	顕宗（ヒョンジョン）	1641～1674年	1659～1674年	孝宗の長男
19	粛宗（スクチョン）	1661～1720年	1674～1720年	顕宗の長男
20	景宗（キョンジョン）	1688～1724年	1720～1724年	粛宗の長男
21	英祖（ヨンジョ）	1694～1776年	1724～1776年	粛宗の二男
22	正祖（チョンジョ）	1752～1800年	1776～1800年	英祖の孫
23	純祖（スンジョ）	1790～1834年	1800～1834年	正祖の二男
24	憲宗（ホンジョン）	1827～1849年	1834～1849年	純祖の孫
25	哲宗（チョルジョン）	1831～1863年	1849～1863年	正祖の弟の孫
26	高宗（コジョン）	1852～1919年	1863～1907年	宣祖三男の直系
27	純宗（スンジョン）	1874～1926年	1907～1910年	高宗の長男

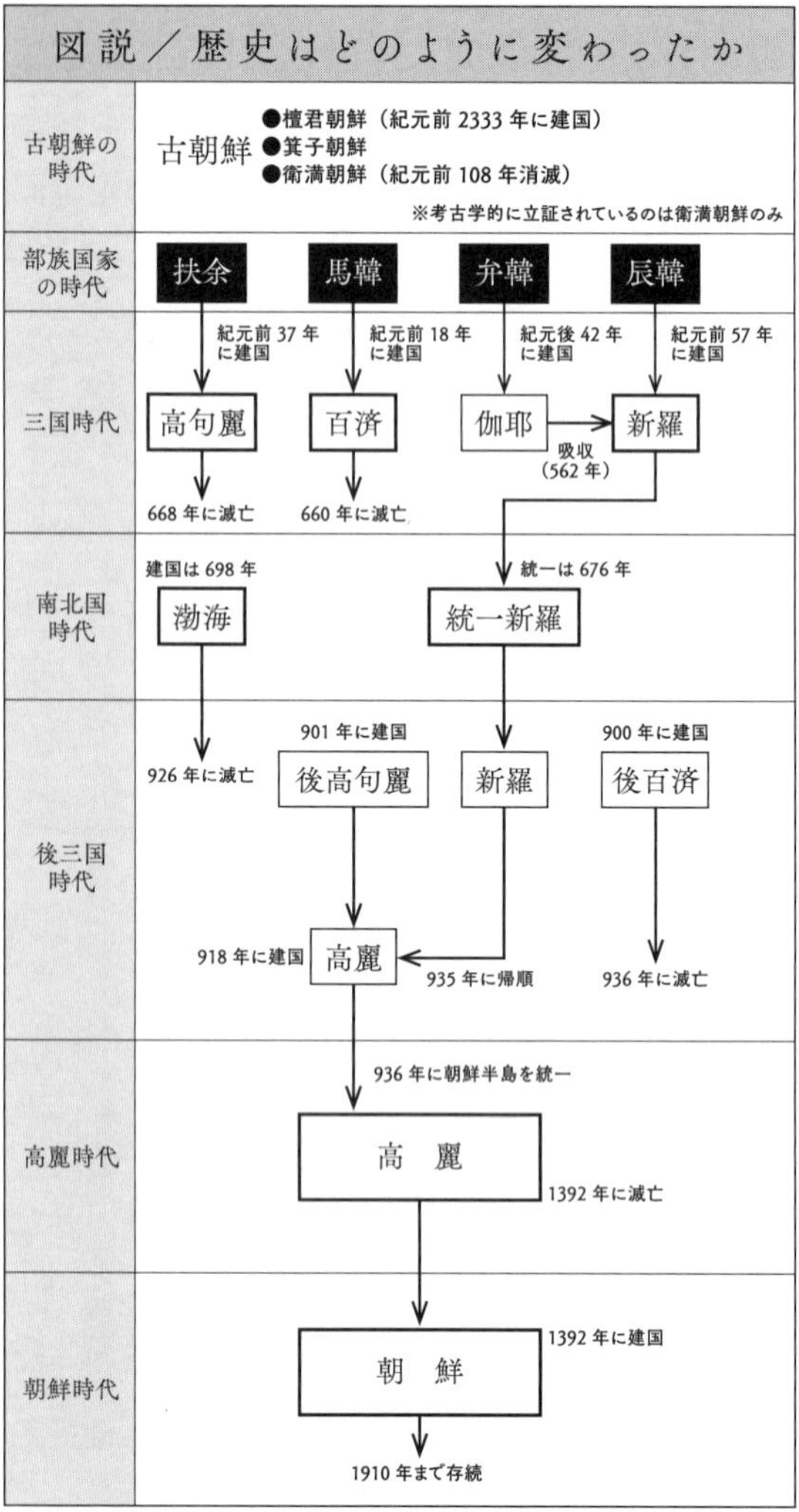
図説／歴史はどのように変わったか
古朝鮮の時代
古朝鮮
●檀君朝鮮（紀元前 2333 年に建国）
●箕子朝鮮
●衛満朝鮮（紀元前 108 年消滅）
※考古学的に立証されているのは衛満朝鮮のみ
部族国家の時代
扶余
馬韓
弁韓
辰韓
紀元前 37 年に建国
紀元前 18 年に建国
紀元後 42 年に建国
紀元前 57 年に建国
三国時代
高句麗
百済
伽耶
新羅
吸収（562 年）
668 年に滅亡
660 年に滅亡
南北国時代
建国は 698 年
渤海
統一は 676 年
統一新羅
後三国時代
926 年に滅亡
901 年に建国
後高句麗
新羅
900 年に建国
後百済
918 年に建国
高麗
935 年に帰順
936 年に滅亡
高麗時代
936 年に朝鮮半島を統一
高　麗
1392 年に滅亡
朝鮮時代
1392 年に建国
朝　鮮
1910 年まで存続

韓国《かんこく》ドラマに深《ふか》くときめく　１冊《さつ》でつかむ韓国《かんこく》二《に》千《せん》年《ねん》の歴史《れきし》と人物《じんぶつ》

二〇二四年 二 月二〇日 第 一 刷発行

著　者　康《カン》 熙《ヒ》奉《ボン》
©Kang Hibong 2024

発行者　太田克史《おおたかつし》
編集担当　持丸剛《もちまるつよし》

アートディレクター　吉岡秀典《よしおかひでのり》（セプテンバーカウボーイ）
デザイナー　山田知子《やまだともこ》＋チコルズ
フォントディレクター　紺野慎一《こんのしんいち》
校　閲　鷗来堂《おうらいどう》

発行所　株式会社星海社
〒一一二-〇〇一三
東京都文京区音羽一-一七-一四　音羽YKビル四階
電　話　〇三-六九〇二-一七三〇
FAX　〇三-六九〇二-一七三一
https://www.seikaisha.co.jp

発売元　株式会社講談社
〒一一二-八〇〇一
東京都文京区音羽二-一二-二一
（販 売）〇三-五三九五-五八一七
（業 務）〇三-五三九五-三六一五

印刷所　TOPPAN株式会社
製本所　株式会社国宝社

ISBN978-4-06-534816-1
Printed in Japan

284
SEIKAISHA SHINSHO

232

韓国ドラマ！愛と知性の10大男優

康 熙奉
Kang Hibong

韓国の人気俳優のすべてがわかる

韓国ドラマを彩る魅力的な男優たちの生々しい素顔と印象的な発言を紹介しながら、彼らの主演作の演技を幅広く解説。特に、彼らが持っている「知性」に着目し、ファンから愛される背景を明らかにする。他にも韓国の男優の育ち方・学歴・兵役といった気になる経歴についても詳しく触れ、彼らはなぜスターであり続けるのか、その理由の核心に迫る。韓国ドラマ界の頂点に君臨するビッグ3、本格派、個性派などの10大男優から、若き才能、注目のイケメンまで。世界を熱狂させる韓国ドラマに主演する人気俳優の魅力を余すところなく網羅した必読の一冊。

242

韓国ドラマ！推しが見つかる究極100本

康熙奉
Kang Hibong

7つのジャンルから厳選した究極の100作品

「絶対に面白いと言わせてみせる！」と凄まじい熱量をもって制作されているのが韓国ドラマだ。現場はエネルギッシュかつ「世界を驚かす」という熱意に満ちている。そうして生み出されるドラマが面白くないわけがない。山のように準備された中から企画が吟味され、激しい競争を勝ち抜いた脚本が日の目を見る。さらに、創造性あふれる演出家が縦横無尽に作品に昇華させ、俳優たちが自分を巧みに変貌させる究極の演技で応える。それが韓国ドラマが高い評価をうける背景であり、世界中で人気を博している秘密である。あなたの人生をふるわせる究極の100作品がここにある。

次世代による次世代のための

武器としての教養
星海社新書

星海社新書は、困難な時代にあっても前向きに自分の人生を切り開いていこうとする次世代の人間に向けて、ここに創刊いたします。本の力を思いきり信じて、みなさんと一緒に新しい時代の新しい価値観を創っていきたい。若い力で、世界を変えていきたいのです。

本には、その力があります。読者であるあなたが、そこから何かを読み取り、それを自らの血肉にすることができれば、一冊の本の存在によって、あなたの人生は一瞬にして変わってしまうでしょう。思考が変われば行動が変わり、行動が変われば生き方が変わります。著者をはじめ、本作りに関わる多くの人の想いがそのまま形となった、文化的遺伝子としての本には、大げさではなく、それだけの力が宿っていると思うのです。

沈下していく地盤の上で、他のみんなと一緒に身動きが取れないまま、大きな穴へと落ちていくのか？　それとも、重力に逆らって立ち上がり、前を向いて最前線で戦っていくことを選ぶのか？

星海社新書の目的は、戦うことを選んだ次世代の仲間たちに「武器としての教養」をくばることです。知的好奇心を満たすだけでなく、自らの力で未来を切り開いていくための〝武器〟としても使える知のかたちを、シリーズとしてまとめていきたいと思います。

2011年9月

星海社新書初代編集長　柿内芳文

SEIKAISHA
SHINSHO